ONE
DECISION

ONE DECISION

ONE DECISION
원 디시젼

단 하나의 결정이 인생을 바꾸는 기적

마이크 베이어 지음 | **김아영 옮김**

한국경제신문

더 나은 삶을 원하지만 어디서부터 시작해야 할지 모르는 사람들,

뭔가 이상하다고 느끼지만 그 이유를 깨닫지 못한 사람들,

어디로 가야 할지 모르지만 더 나은 삶을 위한 첫걸음을 뗄 준비가 된 사람들,

그들 모두에게 이 책을 바친다.

원 디시전 **차례**

DECISION

PART 3

나 자신을 위해 행동하라, 오로지 더 나은 쪽으로!

당신의 삶을 꿈에도
생각지 못한 방향으로 풀어낼 책

하나의 결정(One Decision). 오늘날 사상계의 선두 주자로 떠오른 마이크 베이어는 핵심적인 두 단어로 아주 중요한 개념을 표현했다. 솔직하고 진실하며 나의 든든한 친구이자 동료인 마이크 베이어가 이 책을 쓴 이유는 당신이 앞으로 의식적으로 삶을 살아가되, 확실한 의도를 갖고 살아감으로써 본연의 모습이 되도록 돕기 위해서다.

'반응적 태도(reactive mode)'로 살 때는 자신의 결정에 따라 인생이 달라진다는 사실을 모를 수 있다. 하지만 일, 인간관계, 사는 곳, 생활방식, 행동과 감정, 타인을 대하는 방식과 타인이 자신을 대하도록 허용하는 방식 등 삶의 주요 요소들이 어떻게 달라졌는지 찬찬히 살펴보면, 당신을 이루는 모든 부분은 결국 하나의 결정에서 시작된다고 볼 수 있다.

'주도적 태도(proactive mode)로 살고 있는 마이크는 당신이 하나의 결정을 이해하고 중요한 순간마다 모든 영역에서 그 결정을 최대한 활용하여 가장 강력하고 진실한 자기 자신이 되도록 격려하고 이끌어주는 데 집중하고 있다.

승리자는 실패자들이 하지 않으려는 일을 하는 사람이다. 마이크는 어떤 도전이라도 기꺼이 마주해왔다. 특히 타인을 위해서라면 더욱 그러했다. 마이크야말로 사람들이 중요하게 여기는 일들에 전념하는 사람이다.

사람들을 돕고자 하는 마이크의 끈질긴 정신력과 열정의 궁극적 수혜자는 바로 당신이다. 당신의 인생을 꿈에도 생각지 못했던 방식으로 풀어낼 열쇠가 바로 이 책이기 때문이다.

간단히 말해 《원 디시전》은 당신의 삶을 바꿔버릴 것이다. 내 삶 역시 바뀌었다. 이 책은 당신 인생의 방식, 방향, 속도를 흔들어놓을 것이다. 이 책을 읽는 동안 당신은 저자가 당신을 이해할 뿐만 아니라 당신 스스로를 이해하도록 도와줄 방법도 안다고 느낄 것이다.

사회의 밑바닥에서 꼭대기에 이르는 다양한 의뢰인들을 만나보고 고도로 훈련도 받은 인생 코치가 여기에 있다. 그 깊은 경험의 샘에서 나온 당신의 동반자가 당신이 마땅히 누려야 할 삶에 1분 1초라도 빨리 다가갈 수 있도록 행동 계획을 세워줄 것이다.

　나의 친구 마이크 베이어의 신작, 이 책을 집어든 것은 당신의 의도적이고 의식적인 첫 '하나의 결정'이다. 당신은 그 결정에 크게 만족할 것이다.

　　　　　　　　　　　　　　필 맥그로(Phil McGraw) 박사

내 삶을 바꾼 세 가지 결정

"당신은 어떤 사람인가?
이 질문은 숙제이자 선물이다"

진정한 자신이 되겠다는 결정은 인생에서 가장 중요한 결정이다. 하지만 그 결정은 한 번으로 끝나지 않는다. 진정한 자신으로서 존재하려면 그런 결정을 하고 또 해야 한다. 진정한 자신과의 연결고리를 매일 돌아봐야 한다. 그러지 않으면 삶을 꽉 붙들고 있던 손을 놓칠 위험이 있다. 자신의 참모습으로 존재하기 위해서는 과거로 돌아가야 할 때도 있다. 특히 그 과거가 현재의 감정에 물들어 있을 때는 더욱 그렇다.

자신의 약점은 진정성의 핵심이지만 그 약점을 받아들이기란 결코 쉽지 않다. 누구에게나 어려운 일이다. 평가받을 각오가 필요하기 때문이다. '사람들이 어떻게 생각할까?', '뭐라고 말할까?'

사람들이 당신을 있는 그대로 받아들여줄지 걱정되는가? 인정받기 위해 꾸며낸 모습이 필요하다고 느끼는가? 인생 전체를 놓고 볼 때 이 질문들은 전혀 의미가 없다. 하지만 얄궂게도 이런 질문들은 슬그머니 떠올라 머릿속에서 조용히 웅얼거리며 울리기 시작한다. 우리는 이 소리를 무시하려 하지만 사실은 이 질문들을 똑바로 마주하고 이렇게 말해야 한다. "상관없어! 사람들이 어떻게 생각하는지 신경 안 써!" 하지만 어렵다. 충분히 이해한다.

1장에서 당신은 지금껏 가장 진정성 있는 결정이었다고 생각하는 세 가지를 적어볼 것이다. 나의 진정한 결정은 다음과 같았다.

> 내 사업 시작하기
> 커밍아웃
> 약물 끊기

이 책은 당신이 진정한 자아로서 결정을 내리고 그에 따라 인생 길을 걸어가도록 이끌어줄 것이다. 그리고 그 과정에서 길을 잃지 않도록 지도를 보여줄 것이다. 길을 잃는다는 말은 진심 없이 일하거나 인간관계를 맺는 것, 혹은 주변을 의식하며 모두가 당신의 잘못이나 단점을 안다고 믿는 것 등을 의미한다. 그럴 때 당신은 술, 약물, TV, 음식, 음란물, 그 밖의 어떤 것에든 손을 뻗게 된다. 이것들은 모두 진정성 없고 조화롭지 않은 삶의 고통을 달래기 위한 수단이다.

분명한 것은 우리가 '해야 할 일'들을 내려놓아야 한다는 사실이다. 우리는 자신을 있는 그대로 받아들여야 하고, 그 결과가 어떻게 보일지를 걱정하지 말고 진정한 자기 자신이 되어야 한다. 이 책에서는 내가 내렸던 결정들을 공유함으로써 당신이 무엇을 하든 '해야 할 일'이라는 기준에 얽매일 필요가 없음을 깨닫는 데 도움이 되고자 한다.

> "나는 하나의 결정이 인생의 경로를
> 바꿀 수 있다고 믿는다"

당신이 이 책을 읽는 동안 나의 목표는 당신이 모든 면에서 본래의 자신을 되찾고 진정한 삶을 사는 단계로 나아가게 하는 것이다. 이 책을 읽고 하나의 결정을 내림으로써 당신 자신으로서 살아간다면 그게 바로 성공이다. 당신은 새로운 도전에 직면하고, 새로운 결정을 내리고, 삶 전체나 그 일부라도 재창조하고 싶을 때 언제든 이 책을 펴고 진정한 자신과 다시 만남으로써 사방에 널린 기회들을 발견할 수 있다. 변화를 방해하는 사고방식에서 벗어날 수도 있고, 대담해지고 위험을 무릅쓰며 직감에 따를 용기를 낼 수도 있다. 이 책은 당신의 영혼을 깨우는 알람이자 기분 좋고 편안해질 수 있는 결정들의 설계도가 되기 위한 책이다. 그뿐만 아니라 당신이 마음을 내려놓을 자유가 있음을 알고 더 이상 자책하지 않으며, 어떤 결정을 내리든 결과에 얽매이지 않아도 된다는 사실을 확실히 알고 안심하도록 도와줄 책이기도 하다.

나는 자기계발서를 수도 없이 읽었고 깊은 영감과 동기를 얻었다. 하지만 내 마음속을 살피고 변화를 위한 행동을 시작하도록 이끌어준 책은 별로 없었다. 그래서 나는 당신이 이 책을 덮고 행동에 나설 때에야 작가로서 내 역할이 끝난다고 생각한다. 나는 단지 당신의 삶을 이론으로 설명하는 데 그치지 않을 것이다. 이런 점에서 이 책은 다른 책들과 다르다. 당신은 더 나은 삶을 만드는 데 도움이 될 실질적인 결정을 내릴 것이고, 원하는 상황으로 옮겨갈 수 있는 행동 계획도 짤 수 있게 될 것이다.

'더 나은 삶'에 대한 정의는 사람마다 다르다. 따라서 이 책에서는 당신에게 중요한 요소가 무엇인지 살펴볼 것이다. 당신이 이루거나 바꾸려는 것이 무엇이든 이 책에서 도움을 받을 수 있다. 어쩌면 당신은 이런 것들을 원할지도 모른다.

- 삶의 목적을 찾기
- 정신적으로 더 건강해지기
- 인간관계를 개선하기
- 돈을 더 많이 벌기
- 신체적으로 더 건강해지기
- 영적 수준을 높이기

당신은 이 책을 샀거나 선물로 받았을 수도 있고 도서관에서 빌렸을 수도 있다. 다 읽었을 수도 있고 일부만 읽었을 수도 있다. 하지만 일단 읽기 시작했다면 이미 첫 단계를 시작하겠다는 결정을 한 셈이다. 나는 인생 코치로서 이 과정을 당신과 함께할 것이다. 과제를 주고 연습을 시키는 등 당신을 이끌어갈 것이고, 당신이 그 과정에서 자신에 대해 많이 알게 되어 기뻐하리라고 생각한다.

자, 오늘부터 더 나은 삶을 시작할 수 있도록 진정한 결정을 내리는 연습을 해보자.

PART
1

더 나은 삶을 위한
토대 만들기

ONE
DECISION

최고의 자아에게 결정을 맡겨라

누구나 하루에 평균 3만 5,000번씩 하는 일이 있다. 우리는 깨어 있는 동안 단 한순간도 쉬지 않고 이것을 한다. 행복할 때도, 슬플 때도, 피곤할 때도, 힘이 넘칠 때도 한다. 이것은 쉬울 때도 있고 아주 고역일 때도 있다. 천생연분을 찾으려고 할 때도, 한때 천생연분이라고 '생각했던' 사람에게서 벗어나려 할 때도 이것을 한다. 이것을 이용해서 많은 돈을 번 사람도 있고 이것의 결과로 전 재산을 잃은 사람도 있다. 어떤 사람들은 이것을 혼자 힘으로 하고 싶어 하고, 또 어떤 사람들은 남들이 대신해주기를 바란다. 우리는 자주 이것에 '좋은'이나 '나쁜'이라는 수식어를 붙인다. 이것은 본능과 직감에서 비롯되며, 행동이 많이 필요할 수도 있고 전혀 필요하지 않을 수도 있다.

"이것은 바로 '결정'이다"

하루 3만 5,000번의 결정 중 대부분은 삶에 결정적인 영향을 미치지 않는다. 나는 이런 결정을 '자동조종 결정(autopilot decisions)'이라고 부른다. 이것은 모든 사람이 해야 하는 일을 의미한다. 우리는 먹고, 자고, 화장실에 가야겠다는 결정을 내린다. 분명 이런 일들은 무엇보다도 우선적으로 처리해야 한다. 생존에 위협이 될 수 있는 문제이기 때문이다. 하지만 이 책에서 말하려는 바는 더 나은 삶으로 이어지는 '의식적인 결정들'에 대해서다. 솔직히 말해 더 나은 삶이 하늘에서 뚝 떨어지지는 않으니말이다.

"더 나은 삶은 창조해내는 것이다! 행동에 나서야 한다"

지난 18년 동안 나는 인생 코치로서 수천 명을 만나고 온갖 사연과 상황들을 마주했다. 내 의뢰인들은 유명인, 사업가, 노숙인, 평범한 사람에 이르기까지 아주 다양했다. 사적인 관계에서 어려움을 겪는 사람이 있는가 하면, 현재 수입의 두 배를 벌고 싶다는 사람도 있었다. 나는 억대 연봉을 받는 직장인들이 백만장자가 되도록 도와주었고, 백만장자들이 더 단순한 삶으로 돌아가 돈보다 가족에게 집중할 수 있도록 돕기도 했다. 이 과정에서 나는 의뢰인들의 삶에 필요했던 변화가 결국 '진정한 결정'이었다는 점을 자주 깨달았다. 말하자면 진정한 결정은 내면의 핵심에 있는 진정한 자신으로서 취하는 조치다.

이 책에는 그 조치, 즉 우리를 더 긍정적인 삶의 궤도에 올려줄 수 있는 결정에 대한 내용이 있다. 아마 당신은 미래의 방향을 좌우할 수 있는 결정을 매일 내리고 있을 것이다. 그리고 그 모든 결정의 공통분모는 바로 '당신'이다. 나는 그것들이 어떤 결정인지, 나아가 왜 그런 결정을 내리게 되는지도 당신에게 알려주고자 한다. 우리는 왜 스스로 발목을 잡는 결정을 할까? 왜 목표를 향해 꾸준히 나아가지 못하고 틀에 박힌 생각만 하며 한참 고생하는 것일까? 예컨대 더 건강해지기로 결정했는데 스스로 그럴 능력이 없다고 믿는다면 그만큼 더 힘들게 애써야 한다. 그 과정은 재미없고 설레지도 않으며 의무로만 느껴질 것이다.

이 책에서 우리는 함께 노력해볼 것이다. 이 책은 당신에게 진정으로 와닿는 삶의 요소들을 알아보고, 당신이 그것들과 조화를 이루고, 마침내 그 상태에서 결정을 내리도록 도와줄 것이다. 그러면 당신은 분명 기분이 좋아지고 원하는 바를 더 많이 이루며 원치 않는 일들을 줄일 수 있을 것이다.

나는 당신이 인생 최고의 결정을 내리겠다는 생각을 멈추고 최고의 자아로서 결정을 내렸으면 한다. 그것이 당신의 하나의 결정이다. 지금부터는 이것이 왜 그리 중요한지 보여줄 것이다. 그럼 이쯤에서 이 책의 네 가지 주요 원칙을 알아보자.

하나의 결정 패러다임

- **1단계** 더 나은 삶을 창조하는 첫 번째 단계는 최고의 자아로서 살아가는 것이다.
- **2단계** 최고의 자아로서 존재할 때 장애물을 기회로 볼 수 있다.
- **3단계** 기회가 왔을 때 진정한 결정을 내릴 수 있다.
- **4단계** 진정한 결정을 내리면 결과를 우주에 맡길 수 있다.

이 책에는 '최고의 자아'와 '진정한 자아'라는 용어가 계속해서 등장한다. 이 개념은 긍정적, 부정적 의미 없이 그저 당신 자신을 의미한다. 그리고 자신의 참모습과 영적 수행과도 조화롭게 존재하는 상태를 가리킨다. 당신은 유일무이한 존재다. 당신과 같은 사람은 지금도, 앞으로도 결코 없다. 최고의 자아는 자신의 본질과 영혼을 품고 지금, 이곳에서 명확함 속에 존재하는 것이다.

> "최고의 자아는 당신이 존재하고
> 자신을 표현하는 하나의 방식이다"

나의 첫 책 《베스트 셀프》를 읽었다면

A. 당신은 더 나은 사람이 되었을 것이다. 그리고 당신이 이 책을 읽을 정도로 깊이 탐구했다니 기쁘다.

B. 아마 당신은 1장과 2장에 나온 '최고의 자아(Best Self)'와 '반자아(Anti-Self)' 연습을 알고 있을 것이다. 이 두 가지는 앞으로 우리가 하려는 작업의 토대가 되므로 이 연습에 대해 간단히 소개하겠다. 이미 해보았다면 기억을 되살려보기 바란다. 이 과정은 진정한 자아와 연결되는 데 큰 도움이 될 수 있기 때문이다.

내 목표는 인생 코치로서 해왔던 작업을 그대로 독자들과 함께하는 것이다. 사실 나는 이 연습을 의뢰인들과 나 자신에게도 자주 적용한다. 아주 큰 도움이 되기 때문이다. (이 연습이 나이와 계층에 상관없이 누구에게나 잘 맞는다는 점을 알았으면 한다.) 그리고 일기나 글을 더 많이 써보고, 형광펜이나 펜으로 책에 줄도 그어보기를 추천한다.

내가 《베스트 셀프》를 쓰면서 최고의 자아와 반자아 연습을 고안해낸 이유는 독자들이 진정한 자신, 즉 삶의 모든 영역에서 드러나는 진정한 자아를 하나의 전체로서 이해하도록 돕기 위해서였다. 자신을 가장 잘 나타낸다고 느끼는 모습들, 즉 최고의 자아를 밝혀내는 것도 중요하지만 최고의 상태가 아닌 모습들에 익숙해지는 것도 똑같이 중요하다. 당신은 연습을 통해 자신의 가장 진실한 모습들을 정확히 알게 될 것이다. 이 작업의 힘은 놀라울 정도로 강력하다. 이 과정에서 당신은 아주 깊은 차원에서 자신이 어떤 존재인지 알아차릴 수 있다. 이 책에서도 연습을 통해 내면의 중심에서 행동을 시작할 수 있는 방법을 배울 것이다.

최고의 자아와 반자아라는 개념은 양 어깨에 각각 천사와 악마가 앉아 있다는 비유에 착안하여 만들어졌다. 나는 (종교적 의미를 배제하고) 이 개념을 연구하고 싶었다. 누구나 이 개념에 공감할 수 있고 양 극단을 오가며 행동한 적이 있으리라는 생각에서다. 우리는 "내가 제정신이 아니었어" 혹은 "내가 왜 그랬는지 모르겠어"라고 말하거나 생각할 때가 많다. 이것은 반자아가 우세할 때 나타나는 전형적인 현상이다. 반자아 연습은 최고의 자아와 반대되는 생각, 감정, 행동이 무엇인지 알아내는 데 도움이 된다. 우리는 최악의 자기평가에 금세 빠져들고 얽매이며 그것이 자기의 본모습이라고 여기기 쉽다. 하지만 그것은 에고나 두려움에서 오며 결코 진정한 자신이 아니다. 이런 부정적 인식은 그저 이야기일 뿐이다. 이 이야기는 상처, 고통, 두려움을 경험한 방식, 정서적 학대, 무시, 트라우마와 같은 여러 사건들, 어린 시절 등에서 시작되었을 수 있다. 그리고 이것이 진정한 자기 자신을 깎아내리는 관점을 형성했을 수 있다.

최고의 자아/반자아 연습을 꼭 끝까지 해낼 필요는 없다. 여기서는 최고의 자아/반자아 연습의 기본 개념을 이해할 수 있도록 간단히 설명하겠다. 우선 최고의 자아 연습은 지금 상황에서 한발 물러나 자신을 바라보게 한다. 최고의 자아로서 존재할 때는 삶과 조화를 이루는 느낌, '최고의 상태에서 움직이고 있다'라는 느낌을 경험한다. 나는 내 최고의 자아가 매우 현명하고, 심지 굳고, 창조적이고, 신성하고, 낙관적이고, 열정적이고, 재미있고, 똑똑한 존재라고 생각한다. 이 존재는 어떤 일에도 흔들리지 않고 차분하며 단단하다. 《베스트 셀프》에서는 자신의 가장 진실한 측면들을 명확히 정의한 뒤 하나의 이미지로 만들거나 그림을 그리게 했다. 내 최고의 자아는 멀린(Merlin)이라는 마법사다. 내가 마법사를 선택한 이유는 마법사가 아주 기발하고 창조적인 존재라고 생각하기 때문이다. 멀린은 내가 진정한 나로 존재할 때의 느낌을 나타낸다. 멀린은 믿음이 필요할 때나 힘든 일이 생겼을 때 놀라울 정

MERLIN

도로 도움이 된다. 멀린과 연결된 상태에서는 한 점 거짓 없이 정직해질 수 있다. 항상 멀린으로 살고 싶을 정도다. 하지만 알다시피 삶은 끊임없이 흘러가고 변한다. 우리는 종종 새로운 스트레스와 난관에 부딪히고, 그 과정에서 반자아가 튀어나오기도 한다.

인생이 잘 흘러갈 때도 우리는 가끔 에고, 두려움, 불안, 스트레스, 우울, 분노로 힘들어한다. 힘든 것은 현실이지 우리 존재의 진정한 일부는 아니다. 우리에게 '일어나는 일'이지, 우리 자신은 아니다. 나의 반자아 중 하나인(누구나 여러 반자아가 있으므로) 안젤로스(Angelos)는 두려움 같은 감정에서 튀어나올 때가

많다. 말하자면 실패, 준비되지 않은 상황, 불편한 감정을 마주해야 하는 상황에 대한 두려움에서 나온다. 안젤로스가 지휘봉을 잡을 때면 나는 사람들을 밀어내고 있음을 깨닫는다. 마음 한구석에서 혼자 있고 싶다고 느끼기 때문에 아주 밉살스럽게 굴기 시작한다. 이럴 때 문제가 생기면 금방 짜증이 나고 나 자신조차 함께 있기 불쾌한 사람이 된다.

알다시피 안젤로스는 마귀할아범이다. 마귀할아범을 선택한 이유는 보통 이런 존재들이 마법사와 마찬가지로 주술을 쓸 수

있는 가상의 존재이기 때문이다. 물론 안젤로스가 실제로 주문을 걸지는 못한다.

반자아를 만들어보는 과정은 강력한 효과가 있다. 정말 싫어하는 자신의 모습에 약간의 유머를 곁들임으로써 새로운 에너지를 만들어낼 수 있기 때문이다. 자신의 혐오스러운 모습을 보면서도 어쩔 수 없다고 느낄 때가 얼마나 많은가? 이럴 때 우리는 그저 '내가 그렇지 뭐', '나도 우리 부모님과 똑같네'라고 넘기거나, 통제할 수 없는 다른 요인들을 탓하고 만다. 하지만 반자아를 구체적으로 만들어보면 그런 측면들을 손에 잡히는 요소로 바꿔 결국 통제할 수 있게 된다. 그러면 우리는 더 이상 단점의 노예가 되지도 않고 스스로 발목을 잡아 무력하게 나뒹굴지도 않게 된다. 그 대신 마음에 안 드는 모습들을 캐리커처로 만들어 새롭게 인식하고 통제할 수 있으며 더 객관적으로 볼 수 있다. 결국 그런 측면들을 잠재워 최고의 자아가 그 자리를 대신하도록 할 수 있다.

핵심은 여기에 있다. 더 나은 삶을 만드는 데 최고의 자아와 반자아가 그토록 중요한 이유는 반자아가 장애물만을 보는 반면 최고의 자아는 기회를 발견할 수 있기 때문이다. 이것은 모든 최고의 자아와 반자아의 공통점이다. 최고의 자아로 존재할 때는 외부 상황이 아무리 나쁘더라도 아직 기회가 있다고 믿는다. 진정한 자아가 아닌 상태 혹은 반자아로 존재할 때는 성장의 가능성을 보지 못하고 오직 문제에만 집중한다. 그리하여 실제로 위험이 닥치지 않았는데도 싸우거나, 도망치거나, 굳어버리거나, 타협해버리는 것이다.

↓ 당신은 전에도 진정한 결정을 내린 적이 있다

당신은 이미 최고의 자아로서 결정을 내린 적이 많다. 이 사실을 아는 것이야말로 훌륭한 출발점이다. 앞에서 나는 내가 최고의 자아로서 내린 몇 개의 결정을 보여주었다. 이번에는 당신에게 가장 이로웠고 좋은 결과를 낳은 과거의 결정들을 살펴보자. 이렇게 하면 당신은 스스로 좋은 결정을 내릴 수 있다는 사실을 깨달을 수 있다.

지금까지 살아오면서 진실한 마음의 소리를 따라 최고의 자아로서 내렸다고 할 만한 결정 세 가지를 생각해보라. 지나고 나서 깨달은 경우도 좋다. 어쩌면 대학에 가기로 한 덕분에 취업할 기회가 생겼을 수 있다. 결혼이 자신에게 가장 이로운 결정이었다고 생각할 수도 있다. 결혼생활을 끝내기로 했더라도 뭔가 긍정적인 것을 얻었다면 그것 역시 좋은 결정일 수 있다. 어쩌면 당신은 자신에게 해로웠을 일을 하지 않기로 하고 잘 결정했다고 여길 수도 있다. 깊이 생각해보면 과거의 수많은 결정이 당

✎ 더 나은 삶으로 이어진 과거의 결정들은 무엇인가?

신을 더 나은 삶으로 이끌었음을 깨달을 것이다. 그런 결정이 세 가지 이상 생각난다면 얼마든지 써보라.

과거의 진정한 결정들을 떠올리고 자기 덕분이라고 여길 때, 당신은 최고의 자아로서 결정을 내릴 수 있다고 뇌에게 말하는 셈이 된다. 돈보다 고결함을 선택했다든가, 곪아터진 감정을 외면하는 대신 상담을 받기로 한 일일 수 있다. 당신은 스스로 과소평가하지 않기로 했을 수도 있고, 술을 끊겠다거나 누군가가 술을 끊도록 도와주기로 했을 수도 있고, 결혼이나 이혼하기로 했을 수도 있다. 핵심은 자신에게 가장 이로운 결정을 할 수 있다는 사실을 깨달아 결정의 배터리를 가득 충전하는 것이다.

앞 질문에 정직하게 답했다면 아마 이 목록이 자랑스러울 것이다. 이런 목록을 보면 기분이 좋아진다. 자신의 선택이 더 나은 삶에 기여했다는 진실을 알 수 있기 때문이다. 각각의 결정이 일으킨 긍정적인 파문은 어마어마하다. 자신의 가치관과 일치하는 결정을 내렸고 삶에서 긍정적 변화를 만들어냈기 때문이다.

↓ 하나의 결정, 딱 그만큼의 거리

지금 암흑 속에서 살고 있거나 어떡해야 할지 모르겠다는 기분에 휩싸여 있는가? 인생 코치로서, 한 인간으로서 그 마음을 충분히 이해한다. 어쩌면 당신은 세상이 무너진다고 느끼거나 사방에서 죄어들어오는 것 같은 상황을 멍하니 바라만 보는 시기를 겪고 있을지도 모른다. 오랜 연인과 갑자기 헤어졌을 수도 있고, 사랑하고 의지하던 사람이 세상을 떠났을 수도 있고, 별다른 대책 없이 실직했을 수도 있고, 병을 진단받거나 건강이 급격히 나빠졌을 수도 있고, 그냥 많이 우울할 수도 있다. 이런 일들을 겪으며 혼이 빠졌다면 이것만큼은 알았으면 한다.

> "당신은 우주가 기쁨을 되찾도록 허락한 곳에서
> 딱 결정 하나만큼 떨어져 있다"

첫 단계는 기회를 찾는 것이다. 누구에게나, 어떤 상황에서나 마찬가지다. 나는 살아 있는 한 그 어떤 장애물에서든 기회를 찾을 수 있다고 믿는다. 어디서 시작하든 그 여정은 최고의 자아와 다시 만나는 즐겁고 희망찬 과정이 될 것이다. 당신은 다시 평온해지고 행복해질 자격이 있고, 그렇게 될 것이다. 아직 기회가 보이지 않아도 괜찮다. 이 책을 읽기로 마음먹고 이 책에 마음을 연 것이야말로 훌륭한 시작이다.

✛ 일치 상태로 들어가기

나는 18년이 넘는 시간동안 사람들이 진정한 결정을 내릴 수 있도록 도왔다. 그리고 그 과정에서 철저한 연구, 상담, 성찰을 통해 한 가지 중요한 공통점을 발견했다. 자신의 영적 에너지와 일치하는 상태에서는 더 나은 삶으로 이어지는 결정을 내릴 가능성이 훨씬 높아진다는 사실이다. 내 이야기에서 결정의 결과를 좌우하는 '우주'란 자신의 손을 떠난 외부의 힘을 말한다. 그 힘이 무엇이라고 믿든 상관없다.

훗날 돌아보면, 진정한 믿음과 가치관에서 나온 결정들이야말로 지금의 자신을 만들어준 결정이었음을 알 수 있다. 즉 이런 결정들은 각자 걸어가야 마땅한, 올바른 삶의 궤도에 우리를 올려놓았다. 천주교든, 개신교든, 기독교의 또 다른 갈래를 믿든, 기독교인이라면 당신의 믿음 체계는 아마 예수 그리스도의 행동이나 성경과 궤를 같이할 것이다. 이슬람교를 믿는다면 당신의 믿음은 이슬람교 경전인 코란의 가르침에 바탕을 두고 있을 것이다. 유대교인이라면 당신의 믿음은 아마 율법에서 나왔을 것이다. 12단계 프로그램(알코올 중독자 회복 모임인 A.A.에서 제시하는 12단계 회복 프로그램-옮긴이) 참가자라면 당신의 믿음 체계는 위에 나열한 믿음들과 겹치거나, 혹은 규정되지 않은 더 높은 존재를 따를 수도 있다. 어쩌면 당신은 카르마(karma, 인간의 모든 생각과 행동, 즉 업보가 환생을 거듭하면서 쌓여 인과응보를 만들어낸다는 세계관에서 그 업보를 쌓는 일이나 업보 자체를 가리킴-옮긴이) 같은 에너지를 믿을 수도 있고, 최고의 자아가 세상에 존재하는 방식과 일치하는 영적 신념을 받아들였을 수도 있다. 무신론자거나 영적 존재를 전혀 믿지 않더라도, 영성이란 진정한 자아로서 할 수 있는 일들에 대한 믿음이나 가치관에 따라 옳고 그름을 결정할 때 작용하는 도덕적 잣대라고 생각하면 된다.

어쨌든 진정한 영적 믿음과 수행을 바탕으로 결정을 내린다면 더욱 명료한 결정을 내릴 수 있다.

"결정은 내릴수록 쉬워진다"

이 책을 읽고 노력하는 동안 영적 수행에 매진하겠다고 다짐해보자. 잠깐 언급했듯 내 최고의 자아는 마법사다. 나 자신에 대한 이런 믿음은 영적인 것이다. 내 마음속에는 마법사의 뚜렷한 이미지가 있고, 결정해야 할 때 그를 쉽게 불러내 진정한 결정을 내릴 수 있다. 당신도 이렇게 할 수 있기 바란다. 내가 책을 쓰는 목적도 바로 이것이다. 즉 당신이 자신의 다양한 측면들을 생생히 떠올릴 수 있게 하려는 것이다.

자신에게 매료되라

자신이 세상에서 가장 매력적인 사람 100명 안에 든다고 진지하게 생각하는 사람은 드물 것이다. 당연하다. 대개는 자신이 그 정도로 매력적이고 흥미롭다고 생각하지 않는다. 하지만 실제로 당신은 그런 사람이다. 자기 자신과는 어딜 가든 함께이므로 사람들은 자신을 오래된 모자 같은 존재로 여긴다. 한껏 민망해질 말이겠지만, 이제 당신 자신에게 푹 빠질 때가 왔다! 당신은 수많은 측면들로 겹겹이 둘러싸인 인간이고, 그만큼 당신의 행동에도 흥미로운 요소들이 많이 있다. 이 책을 따라가려면 그 여러 측면들에 대해 알아야 한다.

이 과정에서 자기도취에 빠지거나 이기적인 사람이 될까 봐 걱정할 필요는 없다. 자신에게 매료되는 것과 '자기애성 인격 장애(narcissistic personality disorder)'는 완전히 다르다. 단순히 불안한 상태와 불안 장애가 완전히 다른 것과 마찬가지다. 이 글을 읽는 당신은 자기애성 인격 장애가 없을 가능성이 매우 높다. 자기애성 인격 장애라면 스스로 모든 문제의 답을 안다고 생각할 것이고 이런 책을 읽을 필요도 없을 테니 말이다.

나는 알코올 및 약물 상담가가 되기까지 어마어마하게 많은 책을 읽었다. 회복 중인 사람들을 상담하는 데 필요한 지식을 모조리 습득하기 위해서였다. 그다음에는 880시간 동안 수련을 받았다. 배운 것을 실제로 적용하는 데 보통 그 정도의 시간이 필요하기 때문이다. 운전면허증을 받는 과정과 똑같다. 먼저 이론을 배우고 익힌 다음 나가서 연습하는 것이다. 요즘 나는 포르투갈어(세상에 이렇게 어려운 언어가!)를 배운다. 수업을 받고 연습하지 않으면 까먹기 시작한다. Eu devo practicar(연습해야 한다)! 요컨대 나는 당신이 스펀지처럼 자신과 세상에 대해 배우고 더 나은 삶을 위해 그 지식을 적용하기 바란다. '아는' 것만으로는 부족하다. 행동이 따라야만 원하는 곳에 도달할 수 있다.

나는 앞으로 당신이 영성에서 솟아나오는 결정을 내리도록 도와줄 것이다. 그러니 이 책을 읽으면서 할 수 있는, 당신의 영적 상태와 일치하는 일을 하나 써보라. 당신의 영성과 일치한다고 느낄 만한 수행은 무엇일까? 가족이나 다른 사람들이 권하는 것 말고 당신 자신에게 와닿는 것이어야 한다.

이 선택은 정말 쉬울 수도 있고 힘들 수도 있다. 바로 답할 수 있다면 아주 좋겠지만 그렇지 않은 사람들을 위해 몇 가지 선택지를 제시하겠다. 아래 내용을 읽고 답해보라.

몇 가지 일반적인 영적 수행

- 명상
- 기도

- 만트라 말하기, 만트라 만들기
- 심호흡
- 걸어서 여행하기
- 자연 속에서 걷기
- 춤추기
- 노래하기
- 운동하기
- 감사 목록 만들기
- 목표를 시각화하여 연습하기

★ 나와 영적으로 맞는 연습은 어떤 것인가?

_____

_____

_____

_____

이 책을 따라가다보면 수행 방법들은 달라질 수 있다. 물론 내 수행 방법도 시간이 흐르면서 달라졌다. 당신의 영성에 맞고 마음이 편안해지는 방법을 찾을 때까지 다양하게 탐색해보는 것이 핵심이다.

⚡ 니코의 '하나의 결정'

나는 내 최고의 자아를 굳게 믿는다. 그래서 그 모습을 팔에 새겨 자주 떠올릴 수 있게 했다. 잘 모르는 사람들을 위해 말하자면 타투를 하면 사적으로 친밀한 관계를 쌓을 수 있다. 타투를 새기는 동안 타투이스트와 오랜 시간을 함께 보내기 때문이다. 나에게 타투를 해준 사람은 니코 허타도(Nikko Hurtado)라는 타투이스트다. 나는 팔에 멀린의 모습을 새기면서 니코와 친해져 아주 즐거운 시간을 보냈다. 니코는 작품 활동에 매우 열정적이고, SNS 팔로워가 수백만 명이며, 팝 문화 박물관(Museum of Pop Culture)에 작품이 전시되어 있다. 그의 독특한 재능은 사람들의 마음을 울린다. 니코는 인생에서 가장 잘한 결정 중 하나를 이야기해주었다. 이 이야기를 당신과 공유하게 되어 기쁘다. 니코의 이야기는 다음과 같다.

니코는 열두 살 무렵부터 할머니와 함께 살았다. 할머니가 그를 길렀다. 그는 할머니를 천사 같은 사람으로 기억한다. 할머니는 직접 키운 두 손주는 물론이고 돌봐야 할 사람이라면 누구든 받아주었다. 할머니의 집은 도움이 필요한 가족과 친구들에게 늘 열려 있었다.

니코와 할머니 사이에는 특별한 유대감이 있었다. 두 사람은 서로를 이해했고, 할머니는 늘 니코를 격려했다. 니코는 할머니가 인생 최고의 친구였다고 말한다. 그는 학교에 잘 적응하지 못했지만 어릴 때부터 예술에 대한 열정이 있었고, 할머니는 그 열정을 키워주었다. 니코는 친한 친구 한 명과 함께 패서디나 아트센터에서 종종 수업을 들었지만 반항적인 성향 때문에 고등학교를 졸업하는 대신 미술을 포기하고 공사장에서 일을 했다. 강요하지 않고 늘 지지하던 할머니는 그때도 니코가 자기 길을 찾을 수 있도록 여유를 가지고 지켜봐주었다.

니코와 함께 미술 수업을 듣던 친구는 곧 타투 작업실을 열었다. 친구는 가게로 놀러온 니코에게 타투이스트를 해볼 생각이 있느냐고 물었다. 니코는 이전에 그런 생각을 해본 적이 없었지만 마음이 끌렸다. 친구는 니코에게 견습생으로 일해보라고 권했다. 그래서 니코는 공사 일을 그만두고 바로 다음 날부터 그 타투 작업실에서 일을 시작했다. 그는 이렇게 말한다.

"그 순간 내 인생은 달라졌어요. 타투가 나를 선택한 게 아닌가 하는 생각까지 들었죠. 난 이게 내 길이라는 걸 알았어요."

니코와 가족들은 적당한 수입으로 먹고사는 서민이었다. 할머니가 620만 달러(한화로 약 69억 원 정도)짜리 캘리포니아 복권에 당첨되기 전까지는 말이다. 말할 필요도 없이 이 사건으로 가족들의 관계는 나쁜 쪽으로 완전히 뒤집혔다. 모두가 당첨금에 손을 뻗었다. 가족들은 점점 뿔뿔이 갈라졌고, 몇 년 후 할머니가 세상을 떠나자 남은 돈을 두고 치열한 법정 싸움이 벌어졌다. 그

재산의 처분권은 니코의 어머니에게 있었지만 다른 가족들은 그것에 반대했다. 그들은 상황을 완전히 뒤엎고 니코의 어머니를 쫓아냈다. 말 그대로 거리로 내몬 것이다.

그 무렵 니코는 자기 가게를 열었다. 사업은 제법 잘되었다. 니코는 거의 평생 어머니와 서먹한 관계였지만 어머니에게 집을 얻어주고 형제자매들에게도 사업을 돕게 해주었다. 그는 어머니에 대해 이렇게 말했다.

"난 어머니와 잘 지내보려고 했어요. 누구나 어머니는 하나뿐이잖아요. 결국 모두가 최선을 다할 뿐이죠. 어머니도 마찬가지고요."

니코는 복권 당첨금이나 탐욕스럽게 탐내는 가족들에게 아무런 조치도 하고 싶지 않았다. 그래서 그 모든 것에서 손을 떼겠다는 하나의 결정을 내렸다. 니코는 최고의 자아가 내는 목소리에 충실히 따라 돈보다 고결함을 택하기로 했다. 그는 사업과 인생이 그토록 잘 풀리는 것은 그때의 결정과 '수호천사'인 할머니 덕분이라고 믿는다. 안전망도, 물러설 곳도 없었지만 니코는 스스로 해낼 것을 알고 있었다. 그는 이렇게 말했다.

"난 가족들처럼 남의 돈에 기대야 하는 상황을 원한 적이 없어요."

할머니의 당첨금을 두고 그토록 싸우던 가족들이 어떻게 되었느냐고 물었더니 니코는 고개를 저으며 말했다.

"정말 슬픈 일이에요. 차례차례 죽어가고 있거든요. 그 돈은 결국 전부 변호사들 차지가 돼버렸어요, 마지막 한 푼까지. 얄궂은 일이죠."

지금 니코는 최고의 자아로서 사업체와 삶의 모든 영역을 꾸려가고 있다. 그리고 그는 여기까지 오는 동안 몇 가지 귀중한 교훈을 얻었다. 니코는 정교한 사실주의 타투의 선구자이자, 영향력 있는 사람으로 많은 관심을 받고 있다. 니코가 자신이 이룬 성공을 처음 알아차린 것은 동료인 가이 애치슨(Guy Aitchison)이 조용히 귀띔해주었을 때다. 니코는 그 일을 이렇게 기억한다.

"난 흥청망청 술을 마셔대고 파티를 했어요. 엄청나게 거만했고, 누가 지켜보고 있다는 생각조차 못하고 내키는 대로 살았죠. 그런데 내가 스물다섯 살 때 가이가 말해줬어요. 내가 이 분야에서 본보기가 되고 있으니 매사에 조심해야 한다고요. 그때는 무슨 말인지 몰랐는데, 업계 사람이 '나처럼' 되고 싶다면서 나와 똑같이 행동하는 걸 보고 깨달았어요. 한 방 맞은 기분이었죠. 내가 얼마나 부정적인 영향을 미칠 수 있는지 알겠더라고요. 그런 건 전혀 원하지 않았기 때문에 그 순간부터 술이나 담배를 끊겠다고 의식적으로 다짐했어요. 지금도 주변에 긍정적인 영향을 끼쳐야겠다고 진심으로 생각해요."

이제 니코는 타투가 자신의 궁극적인 예술 형태가 아니라고 한다. 그는 다른 사람들에게 영감을 불어넣는 것이야말로 자신의 진정한 예술 행위라고 믿는다. 이것은 그의 소명이다. 니코는 겨우 열다섯 살이었을 때, 지금 아내가 된 당시의 동갑내기 여자 친구에게 자신이 대단한 사람이 될 거라고 말했다고 한다. 여자 친구가 "근데, 뭐가 될 건데?"라고 묻자 그는 "몰라. 그냥 느낌이 그래"라고 대답했다. 하지만 학교에 가면 다른 아이들은 그를 괴롭히고 '찐따'라고 불렀다.

"이렇게 말하는 애도 있었어요. '네가 기껏해야 타투쟁이밖에 더 되겠냐?' 마치 타투이스트가 욕이라도 되듯이 말이죠. 글쎄, 과연 그럴까요? 지금 난 사업장을 두 개 갖고 있고, 사업도 잘 돼요. 그런 말이나 꼬리표에 휘둘려 인생의 방향을 결정하지 않은 덕분이에요. 난 오히려 그런 것들을 원동력으로 삼았어요. 당신을 넘어뜨리려는 사람들이 있으면 그 사람들을 응원단이라고 생각해버리세요. 그런 사람들 때문에 화를 내지 마세요. 그 대신 행동하고, 앞으로 더 나아가세요. 그게 최고의 보상인 셈이죠. 이제 난 과거를 돌아보면서 그 사람들에게 고마워할 수 있어요. 어떤 꼬리표가 붙는지는 중요하지 않아요. 중요한 건 어떤 사람이 되기로 선택하느냐, 이거죠."

열여섯 살밖에 안 된 남동생이 대형 쇼핑몰인 타깃(Target)에서 일하고 있을 때, 니코는 남동생도 자기처럼 더 나은 삶을 개척할 수 있는 기술을 배우기 바랐다. 그래서 니코는 동생에게 그림을 가르쳐주겠다고 제안했다. 예술이 가르쳐서 되는 영역인지 묻자 그는 이렇게 대답했다.

"제일 단순하게 말하자면 이런 거예요. 누구나 농구하는 법을 배울 수는 있지만 선천적 재능이라는 게 있잖아요. 기술적인 부분, 그러니까 '규칙'을 배워서 농구를 잘할 수는 있지만 다 마이클 조던(Michael Jordan)이 되지는 못하죠. 하지만 미술은 시각적인 언어이기도 해요. 프랑스어를 배우듯 그림 그리는 법도 배울 수 있어요. 보이는 것을 이해하는 법을 배우고 기본부터 시작하면 돼요."

니코는 이 말대로 남동생을 가르쳤고, 남동생은 이제 형 못지않게 훌륭한 타투이스트로 일하고 있다.

분명 니코는 자신의 삶을 어떻게 받아들일지, 세상에 어떤 사람으로 존재할지 결정했고, 그 덕분에 자기 길이라고 믿는 길로 갈 수 있었다. 그런데 그 과정에서 후회가 없었을까? 내가 묻자 그는 이렇게 답했다.

"예전에 한 친구가 같은 모양으로 타투를 새기자고 했는데 뭐 때문이었는지 내가 거절했어요. 하지만 그 친구는 결국 죽었거든요. 사람은 뭔가를 해서 후회하는 것이 아니라 뭔가를 하지 않아서 후회하죠. 그래서 그 친구는 세상에 없지만 나와 몇몇 친구들은 검은색 닻 모양 타투를 했어요. 닻은 전통적인 타투 문양이에요. 선원들이 이 항구 저 항구로 다니는 것이 생각나죠. 나 역시 전 세계를 돌아다니는 선원처럼 내 일을 하고, 마음 가는 대로 살고, 바다가 데려다주는 대로 어디든 가면서 산다고 느낀 적이 있었어요. 그런데 이 타투를 보면 늘 가족과 친구들이 떠올라 단단한 현실에 뿌리내리고 살 수 있어요. 우리는 이 타투를 하고 나서 약속했어요. 길을 잃으면 서로 붙잡아주자고요."

니코는 경의를 표하는 의미로, 딸을 낳으면 할머니의 이름을 따 루시라고 이름 짓고 싶다고 할머니에게 종종 말했다. 겸허한 사람이었던 할머니는 그 의견을 차마 받아들일 수 없어 그러지 말라고 했다. 하지만 니코는 진짜로 그렇게 했다. 이제는 귀여운 딸을 보면서 할머니가 보여준 희생과 무조건적인 사랑을 매일 떠올릴 수 있게 되었다.

니코는 누구나 자신이 가야 할 길을 마음속에 품고 있다고 믿는다. 니코는 이렇게 말한다.

"그게 인생의 핵심이에요. 나는 모두가 입 모아 말한 걸 하지 않아서, 그 체계를 따르지 않아서 더 나은 삶을 살고 있어요. 나는 가족들이 선택한 방식대로 하지 않았어요. 꼬리표를 신경 쓰지도 않았고요. 난 나만의 선택을 했어요. 그리고 절대 뒤돌아보지 않았죠."

니코의 인생 이야기는 나에게 크게 와닿는다. 니코의 이야기에는 이 책에서 말하고자 하는 내용의 핵심이 담겨 있다. 특히 결정의 길잡이인 최고의 자아에게 자신을 내맡긴다는 점에서 그렇다. 사실 당신은 전에도 여러 번 최고의 자아에게 결정을 맡긴 적이 있다. 앞서 깨달았듯 당신은 내면의 진실한 영적 공간에서 많은 결정을 내렸다. 우연히 그랬을 수도 있고 의도적으로 그랬을 수도 있다. 그리고 과거에 자신이 그랬다는 것을 알면 다음에도 그렇게 할 수 있다. 하지만 이번에는 결정 과정에 더 많은 지식과 의도가 영향을 미칠 것이다.

내가 하려는 일은 삶에 긍정적으로 기여하는 결정을 내리기 위해 당신만의 방식을 만들어내도록 돕는 것이다. 이제부터는 당신만의 독특한 면들을 알아보자.

결정의 단계, 네 개의 O

완전히 벽에 부딪혔다거나, 도저히 상황을 바꿀 수 없다고 느낀 적이 있는가? 삶에서 더 많은 사랑, 성공, 평온함 같은 가치를 추구할 때 왜 꼭 걸림돌이 나타나는지 궁금한가? 당신이 그토록 쉽게 문제에 부딪히고 그리 이롭지 않은 결정을 내리는 것처럼 보이는 이유는 뭘까? 본능적으로 당신의 본모습과 맞지 않는다고 느낀 결정을 내린 적이 있는가? 이 장에서는 당신이 진정으로 원하는 삶에 문제나 장애물이 어떻게 끼어드는지 살펴보려 한다.

앞서 이야기했듯, 우리의 첫 단계는 최고의 자아를 정의하는 것이다. 일단 최고의 자아라는 존재를 알아차렸다면 다음 단계는 당신의 진짜 시각 혹은 렌즈를 통해 삶을 바라보는 것이다.

우리는 매일 문제를 해결해야 하고, 매일 타협해야 한다. 삶은 원래 그렇다. 진정한 자아로 존재하면서도 타협을 할 수 있다.

"진정한 자아도 타협할 수 있다"

결정을 못 내리고 갈팡질팡하거나 최선이 아닌 결정만 계속 내리는 경우, 가장 중요한 문제는 원하는 결과에 너무 집중하는 경향이다. 우리는 결과에게 운전대를 넘긴다. 자, 이쯤에서 '하나의 결정 패러다임'을 다시 떠올려보자.

하나의 결정 패러다임

- **1단계** 더 나은 삶을 창조하는 첫 번째 단계는 최고의 자아로서 살아가는 것이다.
- **2단계** 최고의 자아로서 존재할 때 장애물을 기회로 볼 수 있다.
- **3단계** 기회가 왔을 때 진정한 결정을 내릴 수 있다.
- **4단계** 진정한 결정을 내리면 결과를 우주에 맡길 수 있다.

이 패러다임 안에서는 결과가 맨 마지막에 와야 한다. 결정의 결과는 우리가 어떤 사람이라는 증거가 아니다. 결과는 통제할 수

가 없으므로 결과가 진정한 결정 과정에 어떤 역할을 한다는 것
은 말이 안 된다. 문제를 기회로 바꿀 수만 있다면 기분이 더 좋
아질 것이고, 나아가 삶에 더 이로운 결정을 내릴 수도 있다. 그
리고 그 결과가 어떻든 여전히 기분이 좋을 수 있다.

내가 생각하는 성공의 기준은 자기 자신이 되는 것이다. 그뿐
이다. 다른 사람처럼 되어야 한다면 왜 나로 태어났겠는가? 우리
는 다른 이들을 기쁘게 해주기 위해 태어나지 않았다. 나는 나고,
본연의 나로서 살아갈 때 가장 행복하고 충만한 존재가 된다.

우리는 매일 내리는 모든 결정을 통해 더 나은 삶과 가까워지
거나 멀어진다. 그 결정이 얼마나 '크고' '작아' 보이는지에 상관
없이, 최고의 자아로서 내리는 모든 결정은 더 나은 삶으로 이어
질 가능성이 있다. 따라서 자신이 삶을 바라보는 관점을 깨닫고
진정한 결정을 내릴 수 있어야 한다.

사람들은 대수롭지 않아 보이는 결정을 내리더라도 상상도 못
한 놀랍고 새로운 길에 들어설 수 있다는 사실을 결코 알지 못한
다. 마찬가지로, 부담스러울 정도로 어마어마해 보이고 인생을
뒤바꿀 것 같았던 결정의 결과가 기대에 못 미칠 때도 많다. 어떤
결정이든 그 결과는 예측할 수 없기 때문에 반드시 최고의 자아
로서 결정을 내려야 한다. 지금부터는 내가 '네 개의 O'라고 부
르는 요소들이 어떤 역할을 할 수 있는지 보여주려고 한다.

네 개의 O	THE FOUR Os
장애물	Obstacle
기회	Opportunity
하나의 결정	One decision
결과	Outcome

✧ 장애물

장애물이란 길을 막고 발전을 저해한다고 여겨지는 것을 가리킨다.

어떤 사람이나 장소, 사물을 인식하는 방식에 따라 선택도 달라진다. 우리는 어떤 문제를 해결할 수 없는 것으로 볼 때 그것을 장애물로 인식한다.

선글라스를 생각해보라. 선글라스는 특정한 빛을 차단하여 밝은 햇빛 아래 있을 때 눈을 보호한다. 빛의 색을 바꿔주는 렌즈도 있다. 예를 들어 푸른 렌즈를 통하면 온 세상이 푸른색으로 보인다. 그런데 '장애물 렌즈'를 낀 선글라스가 있다고 해보자. 푸른 렌즈로는 온 세상이 푸른색으로 보이듯, 이 장애물 렌즈로는 삶의 모든 것이 장애물로 보인다. 해결해야 하고 헤쳐 나가야 하고 앞길을 막아서는 것들밖엔 보이지 않을 것이다.

장애물로 인식된 문제는 계속 문제로만 있게 된다. 그리고 장애물에 둘러싸이는 것은 기분 좋은 경험이 아니다. 우리는 이럴 때 여러 가지로 기분이 나빠진다.

무언가를 장애물로 인식할 때 우리의 반응들

- 비난하기
- 핑계대기
- 불평하기
- 자기 연민에 빠지기(희생자 심리)
- 옴짝달싹 못 하기
- 자신이나 다른 사람들을 용서하지 않기
- 집착하기
- 두려워하기
- 위축되기
- 스트레스받기 또는 불안해하기
- 우울해하기

- 외로워하기
- 후회하기
- 정당화하기

희생자에서 승리자로

요즘 들어 당신과 맞지 않는 사람이나 장소, 사물을 조금이라도 탓하게 된다면, 지금이야말로 희생자에서 벗어나 승리자가 될 때다. 당신은 아주 불운한 사건의 희생자였을 수 있다. 이럴 때 스스로 희생자가 되도록 놔두면 당신에게 도움이 되지 않는 사람, 장소, 사물에 힘을 실어주는 셈이다. 승리자가 되면 힘을 되찾을 수 있다. 내면의 힘은 선택과 결정을 통해 얻을 수 있는 것이다. 이런 사고방식이 중요한 이유는 '수동적 공격성(passive-aggressiveness, 화가 나거나 불만이 있을 때 직접적으로 표현하지 않고 회피, 방해 등 간접적 방식으로 공격성을 표현하는 것-옮긴이)'이나 악의를 바탕으로 결정하지 않기 위해서다. 누구나 어느 정도는 희생자 심리가 있다. 대부분의 사람들은 뭔가 일이 꼬일 때 정당한 이유를 찾으려 하고, 주로 외부에서 원인을 찾고 싶어 한다. 자신을 보호하거나 도와주지 않은 사람들, 속이거나 해를 입힌 사람들에게 손가락질한다. 만약 당신이 이런 순간을 겪고 있다면, 바로 지금이 더 나은 삶을 만드는 힘을 발휘할 때다. 희생자 심리에 기회를 빼앗겨서는 안 된다.

자, 오늘 내린 결정들을 되돌아보자. 당신의 상황이 타인이나 어떤 요인 때문이라며 분노와 희생자 심리에 빠져 결정을 내리지는 않았는가? 다음의 표를 살펴보고, 희생자 심리에서 나오는 결정에 대해 자세히 알아보자. 당신의 사고방식은 희생자 심리와 승리자 심리 중 어느 것에 가까운가?

희생자 심리	승리자 심리
자신의 감정이 다른 사람들 탓이라고 비난한다.	자신의 감정을 제어할 수 있다.
냉소적이거나 비관적으로 생각한다.	기회 중심으로 생각하고 낙관적이다.
일이 잘 풀릴 때조차 불평거리를 찾는다.	나쁜 상황에서도 좋은 점을 찾고, 일이 꼬일 때도 감사를 표현한다.
인생은 내 편이 아니라고 생각한다.	우주가 든든한 버팀목이 되어줄 것을 안다.
문제가 생기면 대처할 수 없다거나 무력하다고 느낀다.	닥친 일을 헤쳐 나가는 데 필요한 수단을 찾는다.
자신을 깎아내린다.	자신을 믿고 최고의 자아로서 행동한다.
동정받고 싶어 한다.	자신과 타인에게 친절하고 자상하다.
말하거나 생각할 때 "네가 내 기분을 망쳤어", "당신이 나에게 이런 짓을 했어"와 같이 '너', '당신'이라는 말을 사용한다.	'너', '당신'을 '나'로 바꾸고, 어떤 일에서든 맡은 역할을 한다.
자신에게 연민을 느끼고 그것을 즐기는 것처럼 보인다.	자신의 능력을 자랑스럽게 여기고 긍정적 특성들을 인정한다.

희생자 심리에 젖어 있으면 분노에 쉽게 빠져들고 결국 인생의 전반적인 행복에 나쁜 영향을 받게 된다. 어떤 사건에 분노가 일어난다면 그 사건이 넘기 어려운 벽처럼 느껴질 수 있다. 하지만 장담하건대 당신은 충분히 뛰어넘을 수 있다.

ᐱ 기회

기회란 어떤 일을 가능케 하는 환경을 의미한다.

기회의 렌즈는 가능성을 보게 해준다. 기회의 렌즈로 인생을 보면 발전, 배움, 새로운 방향, 새로운 발견, 새로운 기술 등과 관련된 것들이 갑자기 나타나기 시작한다. 장애물 렌즈로는 전혀 보이지 않던 것들이다. 당신은 이렇게 생각할지도 모른다. '그거 그냥 희망회로(근거 없이 막연한 낙관적 생각-옮긴이) 아니야?' 희망회로와 기회의 렌즈는 다르다. 희망회로는 인식을 일시적으로만 바꿔놓을 뿐이고, 기회의 렌즈는 우리가 결정하고 행동하게끔 이끈다. 실제로 우리가 마주치는 모든 장애물 안에는 기회가 많이 있다. 우리는 그저 그 장애물들을 기회의 렌즈로 바라보려는 자세를 취하면 된다.

기회를 보려고 마음먹으면 기분이 더 좋아지고 진정한 자신이 된 느낌이 든다. 이전에 언급했듯 진정한 자아인 최고의 자아에는 긍정적인 특성만 있기 때문이다. 따라서 장애물에 가로막혀 꼼짝 못하고 있다면 최고의 자아로서 존재하는 것이 아니다. 하지만 마음을 고쳐먹고 기회를 보려고 한다면 진정한 자신으로 재빨리 돌아갈 수 있다.

기회의 렌즈로 세상을 볼 때 일어나는 일

- 낙관적이 된다.
- 해결책을 찾는 방향으로 생각한다.
- 감정적, 정신적으로 나아졌다고 느낀다.
- 책임을 받아들인다.
- 고정관념에서 벗어나 생각한다.
- 새로운 것을 배운다.
- 인간으로서 성장한다.

장애물 렌즈로 볼 때 vs. 기회의 렌즈로 볼 때

당신이 몇 년 전 퇴직하고 재정적으로 곤란을 겪고 있다고 가정해보자. 제시된 상황을 처음에는 장애물로, 그다음에는 기회로 본 다음 각각의 경우에 내릴 수 있는 하나의 결정에 대해 이야기해보자.

장애물 관점으로 볼 때 할 수 있는 생각들

● 재취업하기에는 내 능력이 부족해.

● 내가 얻을 만한 일자리로는 입에 풀칠하기도 힘들 거야.

● 정규직일 때도 일하기 싫었어. 이번에도 일하기 싫을 게 분명해.

● 나는 한 가지 일밖에 할 줄 모르고 이제 이 업계에는 일자리가 없어.

● 이런 일이 일어나게 한 나 자신에게 화가 난다. 그리고 퇴직을 번복하게 되어 망연자실하다.

기회의 관점으로 볼 때 할 수 있는 생각들

● 조금만 알아보면 내 나이에 할 수 있는 일을 찾을 수 있겠지.

● 혹시 알아? 전 직장보다 더 재미있을 수도 있어.

● 흐름에 몸을 맡기고 살면서 일자리를 찾아볼 거야. 어쩌면 새로운 사람들과 친해질지도 몰라.

● 사실 새로운 일을 배운다고 생각하면 약간 설레기도 해.

다시 일해야 하는 상황을 장애물로 보면 어디서도 보람을 찾을 수 없다. 그러면 기분이 나빠지고 자신을 불쌍하게 여기게 된다. 이런 관점이 만들어내는 부정적 에너지는 하루 종일 우리 주변을 맴돌고 인생의 여러 영역에도 영향을 미친다. 더 나쁜 것은 행동을 시작할 수 없게 한다는 점이다.

하지만 기회의 관점으로 상황을 보면 새롭고 상쾌한 에너지가 만들어진다. 이럴 때는 가능성과 새로운 방향에 눈이 떠진다. 부정성에 갇히는 대신 최고의 자아로서 앞으로 나아가기가 쉬워진다. 어떤 상황을 장애물이 아니라 기회로 볼수록 삶을 더 많이 개선하고 즐길 수 있다.

↓ 하나의 결정

하나의 결정이란 최고의 자아가 내면에서 만들어내는 해결책이나 결단이다.

일단 무언가를 기회로 인식하려는 선택을 하고, 그 가능성을 탐색하고, 최고의 자아와 일치하는 상태가 되었다면 이제 하나의 결정을 내릴 차례다. 하나의 결정을 내리고 나면 그와 연관된 많은 결정을 연이어 내려야 한다. 이 연관된 결정들은 하나의 결정을 뒷받침하고, 그것을 실현하도록 도와주는 역할을 한다.

장애물 관점에서 내린 결정 vs. 기회의 관점에서 내린 결정

퇴직 후 다시 일을 해야 하는 예시로 돌아가보자. 이것은 장애물 관점 혹은 기회의 관점에서 각각 상황을 바라볼 때 내릴 수 있는 하나의 결정에 대한 것이다.

장애물 관점에서 내릴 수 있는 결정들

- 현실을 부인하고 결정을 내리지 못하며, 파산할 때까지 조치를 취하지 않아 재정적 상황을 악화시킨다.
- 자신에게 한계를 정하고 해고되지 않을 한 가지 유형의 일자리만 찾는다.
- 면접 태도가 불량해서 결국 채용되지 않는다.
- 현실을 마주하지 않으려고 스스로 발목을 잡거나 얼빠진 행동을 한다.
- 우울감에 빠지고 스스로 고립되기 시작한다.

기회의 관점에서 내릴 수 있는 결정들

- 가족들에게 도움을 청해서 자신에게 맞는 일자리 탐색에 대한 의견을 구한다.
- 정기적으로 방문하는 모든 장소에서 사람들과 이야기를 나누고 구직 중이라는 사실을 알려 사회적 정보망을 형성하기 시작한다.
- 매일 한 시간씩 면접 연습을 한다.

- 이력서를 손봐둔다.

- 인터넷으로 일자리에 지원한다.

- 재미있어 보이는 기술을 배우기 시작한다.

- 각자 선택한 영적 수행을 위한 시간을 마련한다. 이렇게 하면 새로운 방향으로 나아갈 때 자신의 영성과 더 깊이 교감할 수 있다.

보다시피 하나의 결정은 관점, 즉 상황을 장애물로 보느냐 기회로 보느냐에 따라 크게 달라질 것이다. 단지 상황을 인식하는 방식만 바꾸었을 때 일어나는 일들이 놀랍지 않은가?

↓ 결과

결과란 어떤 일이 진행되어 나타나는 양상으로서, 우리가 통제할 수 없는 것이다.

하나의 결정은 통제할 수 있는 영역이지만, 결과는 그렇지 않다. 일단 결정을 내렸으면 결과에서 손을 떼야 한다. 그 시점부터는 우주가 결과를 결정하기 때문이다.

아무리 애써도 결과를 예측할 수는 없다. 최고의 자아로서 정확히 올바른 결정을 내렸더라도 전혀 예상치 못한 결과가 나올 수 있다. 우리의 목표는 결과와 상관없이 기분 좋게 결정을 내리는 것이다. 내가 달라지면 결정들도 달라진다. 더 중요한 점은, 최고의 자아로서 존재할 때는 뒤늦게 불평하거나 후회하는 일이 없다는 점이다.

사실 나는 '해야 했다'라는 말이 저주에 가깝다고 생각한다. '해야 했다'라는 말은 너무 위험하다. 왜일까? 머릿속으로든 말로든 어떤 경우에 이 말을 사용했는지 생각해보라. 이 말이 더 나은 인생을 만드는 데 쓰인 경우는 거의 없다. '해야 했던' 일에 집중한다면 후회의 창을 통해 과거를 보는 셈이다. '해야 했다'는 말은 무언가를 잘못했다는 의미다. 내가 만나본 사람들 중 과거에 얽매인 많은 사람은 인생이 뜻대로 풀리지 않을 때마다 뒤돌아보며 "이렇게 혹은 저렇게 하지 말았어야 했어"라고 말한다. 그런가 하면 다른 사람들에게도 자주 그런 짓을 한다. "넌 이렇게 해야 했어"라든가, "너 지금 하는 일 말고 이걸 해야 했어"라고 말이다. 그 말대로 해서 잘된 적이 있는가? 그럴 리 없다. 이런 말은 듣는 사람뿐만 아니라 자기 자신도 비참하게 만든다. 따라서 이 책과 함께 나아가는 동안에는 '해야 했다'가 끼어들 틈이 전혀 없다는 사실을 반드시 기억하기 바란다.

우리는 '해야 했다'의 함정에 빠지는 대신 이미 내린 결정을 평온하게 바라볼 수 있다. 모든 기회를 인식하기로 선택하고 진정한 자신에게 인도받아 결정을 내렸기 때문이다. 따라서 궁극적인 결과가 나왔을 때 더 많이 준비된 상태일 것이다. 우주가 어떤 결과를 내놓기로 하든, 삶을 하나의 기회로 본다면 늘 좋은 기분을 느끼게 된다.

이처럼 장애물(Obstacle), 기회(Opportunity), 하나의 결정(One decision), 결과(Outcome), 이 네 가지의 O를 잘 활용하면 훨씬 더 자유로워질 수 있다.

- 잘못된 결정에 대한 두려움에서 자유로워진다.
- 결정을 내리지 못하는 굴레에서 자유로워진다.
- 잘못된 결정을 내렸다는 후회에서 자유로워진다.

네 개의 O 개념과 그에 내재하는 원동력을 이해하면 확신 속에서 자신에게 가장 이로운 결정을 내릴 수 있다.

↓ 새로운 시각으로 보기

자, 이제 이 개념들을 구체적인 상황에 적용해보자. 렌즈 색이 다른 선글라스를 써본다고 생각하면 된다. 먼저 온 세상이 장애물로 보이는 선글라스를 써볼 것이다.

당신이 살을 빼고 싶어 한다고 가정하자. 이 상황을 장애물로 본다면 어떤 기분일까?

장애물 관점: 살을 빼고 싶어. 나는…

- 제대로 된 식단을 찾을 시간이 없어.
- 개인 트레이너나 영양사에게 지불할 돈이 없어.
- 전에도 다이어트에 성공한 적이 없으니 이번에도 될 리가 없지.

어떤 느낌인가? 기분이 썩 좋지는 않을 것이다. 당신은 장애물만 보이는 곳으로 자신을 꾸역꾸역 밀어넣은 셈이다. 이런 상태에서는 아무것도 할 수 없다.

그렇다면 우리는 이런 관점의 결과로 어떤 결정을 내리게 될까?

장애물 관점: 살을 빼고 싶어. 하지만 나는…

- 너무 어려워. 아무것도 안 할래.
- 살을 이렇게 많이 빼야 한다니. 계속 투덜거릴 거야.
- 환경이 달랐으면 좋겠다고 바라기만 해야지.
- 다 내 탓이라고 생각해야지 뭐.

보다시피 이 결정들은 체중을 1그램이라도 줄이는 데 도움이 안 된다. 장애물 관점은 상황을 극도로 제한적으로 보게 만든다.

자, 이번에는 살을 빼고 싶은 상황을 기회라고 생각하자. 기회의 선글라스를 쓰고 장애물 선글라스와의 차이를 느껴보라.

기회의 관점: 살을 빼고 싶어. 나는…

- 다이어트에 성공한 친구들과 이야기를 나누고 어떻게 성공했는지 알아볼 수 있어.
- 재미있게 할 수 있는 무료 활동을 찾을 수 있어.
- 일상에서 조금씩 바뀌나갈 습관이 있는지 알아볼 수 있어.
- 긍정적인 사고방식을 유지할 수 있어.

기회의 관점에서는 훨씬 더 많은 가능성이 보인다. 장애물 관점은 터널과 같다. 장애물 말고는 아무것도 보이지 않는다. 하지만 단순히 기회의 관점으로 바꾸겠다는 마음만으로도 새로운 가능성의 세계가 열린다.

그렇다면 살을 빼고 싶다는 상황을 기회의 관점으로 본다면 어떤 결정을 내리게 될까?

기회의 관점: 살을 빼고 싶어. 그래서 나는…

- 오전 8시부터 오후 7시까지만 먹을 거야.

- 채소와 과일을 먹고 설탕이 들어간 음료수를 끊어야겠어.
- 매일 걷기 운동을 해야지.
- 나와 비슷한 경험이 있는 친구들과 교류해야겠다.

이번에는 당신 차례다. 먼저 인생에서 바꾸고 싶은 부분에 대해 써보라. 이루고 싶은 일에 대해 써보는 것도 좋다.

_____

_____

_____

_____

_____

_____

이 일을 장애물 관점에서 볼 때 어떤 느낌이 드는지 써보라.

_____

_____

_____

_____

_____

_____

_____

이 일을 장애물 관점에서 볼 때 어떤 결정을 내릴 수 있을지 써
보라.

이 일을 기회의 관점에서 볼 때 어떤 느낌이 드는지 써보라.

이 일을 기회의 관점에서 볼 때 어떤 결정을 내릴 수 있을지 써
보라.

이 과정이 쉬웠는지 어려웠는지 아는 것도 중요하다. 잘 안 되더라도 걱정할 필요 없다. 2부에서는 장애물 관점에 사로잡혀 기회를 보지 못하게 하는 요소들을 더 깊고 자세하게 알아볼 것이다. 이런 사고방식은 습관으로 굳어지기 쉽다. 우리는 그 습관을 뿌리째 뽑아내고 기회 중심의 사고방식을 심기 위해 함께 노력할 것이다.

다른 사람들에게 도움을 받으려면

진정한 결정을 내려야 할 때는 누구나 약간의 도움이 필요하다. 이 책 뒷부분에서도 당신을 위한 '하나의 결정 팀'을 만드는 법에 대해 이야기할 것이다. 하나의 결정 팀이란 당신이 최고의 자아로서 결정을 내리도록 돕는 팀이다. 훌륭한 팀은 당신이 결과에 상관없이 행동에 나설 수 있도록 지지해준다. 필요할 땐 누구에게 도움을 청해야 할지 정확히 알 수 있도록, 당신만의 팀 만드는 법을 알아볼 것이다.

↓ 포스를 이용하여 장애물 관점에서 기회의 관점으로 넘어가기

당신은 예전에 변화를 시도하는 과정에서 무의식적으로라도 장애물을 발견한 적이 있을 것이다. 삶에서 달라지기를 바라는 점이 있지만 '어떤 이유' 때문에 할 수 없다고 오랫동안 생각해왔을지도 모른다. 이 '어떤 이유'가 바로 당신이 생각하는 장애물이다.

"충만한 인간관계를 맺고 싶지만 그럴 수 없어. 왜냐하면 ＿＿＿

＿＿＿＿＿＿＿＿＿＿＿＿＿＿＿＿＿＿＿＿＿＿＿＿＿＿＿＿＿ "

"사랑하는 사람들과 시간을 더 많이 보내고 싶지만 그럴 수 없어. 왜냐하면 ＿＿＿＿＿＿＿＿＿＿＿＿＿＿＿＿＿＿＿＿

＿＿＿＿＿＿＿＿＿＿＿＿＿＿＿＿＿＿＿＿＿＿＿＿＿＿＿＿＿ "

"돈을 더 많이 벌고 싶지만 그럴 수 없어. 왜냐하면 ＿＿＿＿＿＿

＿＿＿＿＿＿＿＿＿＿＿＿＿＿＿＿＿＿＿＿＿＿＿＿＿＿＿＿＿ "

"덜 외로울 수만 있다면 뭐든 하겠지만 그럴 수 없어. 왜냐하면

＿＿＿＿＿＿＿＿＿＿＿＿＿＿＿＿＿＿＿＿＿＿＿＿＿＿＿＿＿ "

"몸이 더 건강해진다면 얼마나 좋을까? 하지만 그럴 수 없어.

왜냐하면 _____"

'왜냐하면 _____'에 들어갈 말을 써넣으라고 하고 싶지만 잠깐 기다려라. 요즘 흔히 보이는 논리가 있다. 인생의 문제를 파악하고 그것을 부지런히 해결하면 '짠!'하고 인생이 달라진다는 논리다. 이런 접근법에는 한 가지 문제가 있다. 변화가 지속되지 않고 결국 똑같은 문제에 시달리게 된다는 점이다. 애초에 어떤 상황을 문제로 보게 된 이유나 근본적 원인을 건드리지 못하면 과거의 습관이 반복된다. 하나의 장애물은 해결하겠지만 그다음에는 어떻게 되는가? 그다음엔? '문제-해결책 원리'는 효과가 없다. 효과가 있었다면 지금도 그 방법으로 더 나은 삶을 만들어가고 있을 것이다. 그것으로는 부족하다. 우리는 더 깊은 수준으로 들어가, 장애물 관점에서 기회의 관점으로 완전히 옮겨갈 방법을 찾아야 한다. 일단 그 방법을 손에 넣으면 새로운 세계가 펼쳐질 것이다.

첫 단계는 장애물 관점에서 벗어나 장애물 안에서 기회를 보기로 선택하는 것이다. 하지만 장애물을 어떻게 기회로 바꾼다는 말인가? 이것은 눈에 보이지 않지만 강력한 '포스(FORCE)'가 작용한다는 사실을 이해하는 데서 출발한다. 이 포스는 우리가 허용하는 한 기회가 보이지 않도록 시야를 흐린다. 이게 무슨 말이냐고?

영화 〈스타워즈(Star Wars)〉 시리즈를 본 적이 있다면 포스라는 개념을 알 것이다. 포스는 은하계를 하나로 묶는 영적 에너지 장으로, 특정한 존재들이 선하거나 악한 의도로 사용하는 힘이다. 이 힘을 능숙하게 사용할수록 더 강력한 힘을 얻는다. 포스를 이용해서 사람의 마음을 조종하거나(제다이 마인드 트릭, Jedi mind tricks) 물체를 움직일 수 있고 미래를 볼 수도 있다. 현실 세계에도 이렇게 보이지 않는 힘이 있다. 이 힘은 결정에 강력한 영향을 미친다. 그런데 정말 신나는 점은 우리도 제다이처럼 놀라운 방식으로 그 힘을 이용할 수 있다는 것이다.

곧 포스에 관해서도 깊이 탐구하겠지만, 그보다 먼저 알아야 할 게 있다. 우리는 인생을 큰 그림으로 보고 있다고 믿도록 현혹되어 왔다. 하지만 실제로는 부정적 포스에 시야가 가려져 있었다. 지금껏 긍정적으로 변하지 못한 이유가 여기에 있다. 즉, 눈앞의 기회를 보지 못하고 장애물만 보아서이다.

누구나 한 번쯤은 다른 사람들에게서 포스의 영향력을 느껴본 적이 있을 것이다. 예를 들어 당신이 '비관주의자', '부정적 성향'이라고 생각하는 사람을 떠올려보자. 이런 사람이 가까이 오면 우리는 말 그대로 그 사람 주위의 에너지를 느낀다. 이들은 항상 자기가 다른 사람들보다 불행하다는 것을 내세운다. "그게 나쁜 일이라고? 나한테 얼마나 끔찍한 일이 있었는지 들어볼래?” 이런 사람들은 삶에서 좋은 일을 눈곱만큼도 못 찾는 것처럼 보인다. 물이 절반 든 잔을 '반이나 비어 있다'라고 표현하는 전형적인 사고방식이다. 이렇게 생각하는 사람을 만난 적이 있다면 그 에너지가 다른 사람들을 얼마나 맥 빠지게 만드는지 알 것이다. 이런 사람 옆에 있으면 더 불안해지고 우울해지기까지 한다. 그 에너지가 전해지기 때문이다.

반대로 당신은 비판적으로 생각할 줄 아는 낙관주의자도 만났을 것이다. 즉 망상이 아닌 낙관적 시각으로 세상을 보는 사람 말이다. 이번에는 긍정 에너지가 넘쳐흐르는 사람을 하나 떠올려보자. 이런 사람들은 어떤 역경에서도 볕들 구멍을 찾아내고 못마땅한 상황도 잘 살리는 묘한 능력이 있다. 이것 역시 매우 강력한 에너지다. 이런 사람과 만나면 기분이 좋아진다. 이들과의 대화는 유쾌하고, 의욕과 힘이 솟는다.

두 유형 모두 포스의 예시다. 포스는 실제로 일종의 에너지이고, 다른 사람들뿐만 아니라 우리 자신에게도 영향을 준다. 우리는 어떤 사람을 '원래' 부정적이거나 긍정적이라고 생각하지만 그것도 선택의 문제다. 사람은 분명 변한다. 우리는 스스로 달라지기로 선택하고 긍정적인 에너지를 이용할 수 있다. 이 재조정 과정에서 핵심은 결국 장애물 관점에서 기회의 관점으로 옮겨가는 것에 있다. 어떤 사고방식이 깊게 뿌리박혀 있다면 변화의 첫 단계는 그 사고방식의 존재를 알아차리고 정체를 이해한다음 새로운 사고방식을 선택하는 것이다. 2부에서 포스에 대해 상세히 탐구하면서 우리가 할 일이 바로 이것이다.

지금은 장애물을 기회로 보고 하나의 결정을 내리는 능력이 누구에게나 있다는 것을 알아야 할 때다. 이것을 아는 것만으로도 상황을 완전히 뒤집을 수 있다.

ONE
DECISION

더 나은 삶을 그려보라

"인생에서 진짜로 원하는 게 뭔가요?" "삶에 무엇이 더 많아지길 바라나요?" 당신은 이 질문들에 곧바로 대답할 수 있는가? 그렇다면 아마 평소에 여러 번 생각해본 답이 나왔을 것이다. 그 답이 진실일 수도 있다. 하지만 내가 만난 의뢰인 중 자신이 '진짜로' 무엇을 원하는지 아는 사람은 별로 없었다. 사람들은 보통 자신이 무엇을 정말로 원하는지 모른다. 내면에 집중하는 대신 바깥세상을 보고 있기 때문이다. 예컨대 돈이 더 많았으면 좋겠다고 하는 사람들이 있지만, 그들이 실제로 원하는 것은 안정적인 생활이다. 더 좋은 직장을 원한다는 사람들이 실제로 원하는 것은 목적의식이다. 이 장에서는 이런 표면적 갈망 아래 숨은 당신의 진짜 소망을 이해하도록 도와주려 한다.

시시한 얘기겠지만 이 과정은 삶을 현실적으로 바라보는 데서 시작한다. 우리에게는 선택권이 있다. 물살을 탈 수도 있고, 거슬러 올라갈 수도 있다. TV에서 춤이나 음악 오디션 프로그램을 본 적이 있다면 흔히 말하는 '스타성'이나 '끼'가 있는 사람이 있고 아닌 사람이 있다는 것을 알 것이다. 하지만 그런 자질이 없다고 해서 인간으로서 가치가 조금이라도 낮아지는 것은 아니다. 그저 인생의 방향을 좀 더 현실적으로 생각해야 할 뿐이다. 현실적으로 더 나은 삶이 어떤 모습일지 이해하는 것, 이것이 지금 우리가 할 일이다. 일단 더 나은 삶을 그려보고 나면 성공이 무엇인지도 알 수 있을 것이다.

↓ 당신이 진짜로 원하는 건 무엇인가?

코칭을 받으러 오는 사람들은 대개 삶의 어떤 영역을 개선하고 싶어 한다. 그런데 자기가 원하는 것을 잘 아는 사람도 있지만 제대로 알지 못하는 사람이 더 많다. 이들은 상황을 정확히 파악하고 원하는 방향으로 가는 법을 이해하기 위해 도움이 필요하다. 나는 구체적인 문제나 소망에만 집중하는 대신 그들의 삶을 총체적으로 보고 가장 필요한 조치에 초점을 맞춘다. 그렇게 높은 곳에서 삶을 내려다보면 근본적으로 부족한 것이 무엇인지 드러나기 시작한다. 깊은 수준에서 어떤 욕구를 채워야 하는가? 안정감? 목적의식? 모험심? 사랑? 유대감? 근본적인 욕구나 소망을 발견하면 더 나은 삶을 위해 필요한 일들을 더 정확히 알기 쉽다.

이 책에서 살펴볼 사례들은 간단한 평가만으로 가장 먼저 조치를 취해야 할 영역이 따로 있었음을 확실히 깨달은 사람들의 이야기다. 이 평가는 매우 중요하다. 앞으로 나아가기 위해 어떤 결정부터 내려야 할지 구체적으로 그려볼 수 있기 때문이다.

〈닥터 필(Dr.Phil)〉이라는 TV 프로그램에서 나를 봤거나 혹은 내 SNS 팔로워라면 내가 평가를 아주 좋아한다는 사실을 알 것이다. 나는 평가의 열렬한 신봉자다. 잠깐, 어이없는 표정으로 페이지를 넘기기 전에 내 말을 들어보라. 평가가 그리 기분 좋은 말이 아닌 건 안다. 나도 마찬가지다. 병원에 가서 지루하고 단조로운 서류를 끝없이 작성할 때마다 미칠 것 같은 기분이 된다. 똑같은 서류를 몇 번이나 채워야 하는지! 진료 접수를 하러 가면 공포의 서류판과 잘 나오지도 않는 펜을 받아 내 건강 상태에 대해 지루하기 짝이 없는 질문들에 답하고 또 답해야 한다.

하지만 사실 이런 평가서를 작성하는 데는 그만한 가치가 있다. 평가서는 의사와 환자 자신이 치료의 출발점을 파악하는 데 도움이 된다. 현재 어떤 상태인지, 그 기준점을 명확히 드러내고 그다음에 뭘 할지 알게 해준다. 이것이 여기서 우리가 하려는 작업이다. 출발점을 파악하고 어떤 부분을 개선하고 싶은지 알아내는 것. 하지만 이 경우에는 평가의 내용을 오직 당신만이 검토할 수 있다. 당신은 이 연습을 통해 자신에 대해 더 깊이 이해하게 될 것이다. (다른 사람들의 답변이 궁금하거나 당신의 답을 공유하고 싶다면 '코치 마이크 베이어' 페이스북 커뮤니티에 와주기 바란다.)

누구나 자신의 몸과 뇌, 감정 안에서 살아가기 때문에 한발 물러서서 더 나은 삶이 어떤 삶인지 살펴보는 일이 거의 없다. 하지만 더 나은 삶이 어떤 것인지조차 모른다면 그것을 어떻게 이룰 수 있겠는가? 복잡해 보이겠지만 실제로는 그렇지 않다. 일단 조금만 파고들어 자신이 정말로 무엇을 원하는지 깨닫고 나면 의외로 쉽다고 생각하게 된다.

삶을 거대한 퍼즐이라고 생각해보자. 퍼즐 조각들은 저마다 삶의 영역에 해당한다. 퍼즐의 구체적 모양은 사람마다 다르지만, 여기서 중요한 점은 그것이 각각 어떤 느낌인지 평가하는 것이다. 진정으로 원하는 삶의 변화나 시급히 수정해야 할 영역이 무엇인지 깨닫는 최선의 방법은 삶의 영역들을 죽 펼쳐놓고 객관적으로 바라보는 것이다.

다음에 나올 표는 삶의 여러 영역이 포함된 평가서다. 자신에게 해당되는 점수를 빈칸에 써넣으면 된다. 각 항목을 읽을 때마다 자신이 즉각 어떤 반응을 보이는지 살펴라. 평온하고 차분하게 볼 수 있는 항목이 있는가 하면 긴장되거나 갑자기 공격당한 것처럼 괴로운 항목도 있을지 모른다. 생각하기 싫을 정도로 불편할 수도 있다. 이런 즉각적 반응은 큰 의미가 있고 당신에 대한 많은 정보를 담고 있다.

먼저 각 삶의 영역에 대해 구체적으로 생각해보자. 그 영역에서 자꾸 문제가 생기는가? 불필요하게 시간을 잡아먹고, 걱정과 스트레스를 일으키는 일이 생기는가? 안전이나 미래의 안정성이 위협받는 느낌인가? 성취감과 기쁨을 느끼는 데 도움이 되는가? 발전하지 못하고 침체되어 답답한 느낌이 드는가? 이런 질문들을 염두에 두고 다음 단계로 가보자.

각 영역의 의미를 이해하기 어렵거나 설명이 필요하다면 다음 내용을 참고하기 바란다.

- **가족**: 상황에 따라 생물학적 가족, 입양 가족 등이 포함된다. 형제자매와 부모 자식, 조부모, 사촌, 친척들과의 관계가 이 범주에 해당한다.
- **친구**: 모든 종류의 친구 관계가 포함된다. 원하는 만큼 친구가 많지 않거나, 친구가 너무 많아서 일일이 신경 쓸 수 없을 정도라고 느낀다면 이 영역에 낮은 점수를 줄 수 있다. 특정한 친구와 계속 갈등을 빚는 경우에도 낮은 점수를 줄 수 있다.
- **연인/배우자**: 연인이나 배우자와의 관계가 여기에 해당한다. 연애 중이라면 연애 생활이 이 영역에 포함된다.

- **양육:** 이 영역에는 스스로 점수를 매기기 어려울 수 있다. 아이가 어떻게 지내는지에 따라 다르다. 통제 가능한 영역이라고 느끼다가도 안 좋은 일이 생기면 자신을 가혹하게 평가할 수 있다. 최대한 객관적 태도를 유지하라.

- **일:** 지금 일하고 있다면 이 영역을 평가할 수 있다. 당신의 일에 대해 어떻게 느끼는가? 지금 소속된 조직과 세상에 보탬이 되고 있다고 느끼는가? 매일 일하러 갈 때 즐거운가? 아니면 마지못해 간다고 여기는가?

- **신체적 건강:** 육체나 생리적 기능을 의미한다. 만성 통증이 있는가? 제때 건강을 돌보지 못해 고생하고 있는가? 몸을 잘 돌보는가, 아니면 신경 쓰지 않는 편인가?

- **감정적 건강:** 이 영역에는 정신적 건강이 포함된다. 심한 감정 기복, 불안, 우울에 시달리는가? 감정을 조절하기 힘든가? 분노 조절에 문제가 있거나 걱정에 짓눌리는가? 아니면 스스로 감정을 잘 다스리고 스트레스를 받아도 그럭저럭 잘 지낼 수 있다고 느끼는가?

- **영적 건강:** 영성과 연결되어 있는가? 이 말은 사람마다 다른 의미로 받아들일 것이다. 이 영역을 평가할 때는 당신의 일상이 영적 믿음과 조화를 이루고 있는지 생각해보면 된다.

- **취미:** 이 영역은 대충 얼버무리고 넘어가기 쉬운 부분이지만, 자신이 어떤 방식으로 열정을 쏟는지 점검을 하라. 흥미 있는

주제에 대해 능동적으로 배우고 있는가? 아니면 그저 재미로 무언가를 하면서 시간을 보내는가?

- **재정 건전성:** 당신의 재정 상태에 대해 어떻게 느끼는가? 돈 때문에 종종 스트레스를 받는가? 앞날에 대비하여 충분히 저축하지 못해서 걱정되는가? 아니면 돈 문제에 평온을 유지하기 위해 재정 계획을 세우거나 예산을 정하는가?

↓ 당신의 상태를 평가해보라

다음에 나오는 '인생 평가서'의 각 영역에 1에서 5점까지 점수를 써보라. 당신에게 해당되지 않는 영역이라면 '해당 없음'에 표시하면 된다. 부정적 에너지가 발생하는 영역에는 1점이나 2점을 주면 된다. 중립적인 영역, 즉 딱히 문제되지는 않지만 개선할 수 있는 영역에는 3점을, 아주 잘 굴러가고 있는 영역에는 4점이나 5점을 주면 된다.

다음 단계는 특정한 영역에서 변화하려는 의욕이 있는지를 평가하는 것이다. 이 단계가 중요한 이유는, 스트레스나 부정적인 느낌을 경험하는 영역에서는 본능적으로 머리를 파묻고 외면하고 싶을 수 있기 때문이다. 어떤 문제를 언제 손댈지 결정할 수 있는 사람은 오직 당신뿐이다. 지금은 변화할 때가 아닐 수도 있다. 당분간 다른 일들에 먼저 신경 써야 할 수도 있다. 달라져야 한다는 부담을 느끼지 않았으면 한다. 그런 마음으로 변화를 추진하면 잘되지도 않는다. 그 대신 지금 당장 변화하려는 의욕과 동기가 있는 영역에 집중하자.

자, 이제 '변화하려는 의욕이 있는가?'라는 제목 아래에 당신의 생각을 써넣어보라. '지금은 아니지만 곧'이라고 쓸 수도 있고, '그래! 지금 당장 시작해야 해!'라고 쓸 수도 있다. 일단 현재의 삶을 명확히 그릴 수 있도록 평가서를 채우는 데 전념하자. 어떻게 변화할지 너무 앞서가서 생각하지 않도록 주의해야 한다. 지금은 변화가 가장 시급한 영역을 찾으면 된다. 당신이 생각하는 영역이 평가서에 없다면 아래 빈칸에 써넣고 점수를 매긴다.

인생 평가서

삶의 영역	해당 없음	점수(1~5점)	변화하려는 의욕이 있는가?
가족			
친구			
연인/배우자			
양육			

일			
신체적 건강			
감정적 건강			
영적 건강			
취미			
재정 건전성			

문제의 핵심

인생 평가서를 이용하는 가장 큰 이유 중 하나는 실제로 도움이 필요한 영역을 확인하기 위해서다. 예컨대, 앞서 언급했듯 말로는 돈을 더 벌어야 한다지만 실제로는 돈과 관련된 감정적 문제를 풀어야 하는 경우가 많다. 대화를 하다 보면 결국 안정감과 관련된 문제임을 깨닫는다. 형편이 좋지 않거나 수입이 없는 상황에서는 두렵고 안전하지 못하다고 느낄 수 있다. 따라서 이럴 때는 위험하다는 느낌이 드는 삶의 영역을 모두 살펴보는 것이 도움이 된다. 그럼으로써 우리는 내면의 감정을 풀지 못하는 외부 상황에만 집중하는 대신 자신이 진짜로 무엇을 원하는지 이해할 수 있다.

만약 당신이 지금 만나는 사람이 없어서 연인/배우자 관계 영역에 1점을 주었다면 스스로 질문을 던져보자. 정말로 누군가를 만나고 싶은가? 그게 나에게 중요한가? 자신에게 정직한 삶을 살고 싶다면, 자신이 정말로 원하는 게 뭔지 살피면 된다.

이와 같이 자기 생각과 달리 먼저 신경 써야 할 영역이 따로 있는 경우도 있다. 평가서를 보면서 당신의 핵심 문제에 대해 생각하고 그것을 출발점으로 삼아라.

↓ 평가서 해석하기

당신이 모든 영역에 1점을 주고 모든 영역에서 변화가 시급하다고 답했더라도, 지금은 한 영역에만 집중하라고 권하고 싶다. 하나의 변화, 하나의 결정이 삶 전체를 바꿔놓을 수도 있기 때문이다. 내 경험상 일단 가장 골칫거리인 영역을 안정적인 상태로 되돌리기 시작하면 다른 영역도 뒤따라 줄줄이 변하거나, 최소한 나아지기라도 하는 사례가 무수히 많았다. 모든 퍼즐 조각이 맞물려 하나의 전체를 만들어내기 때문에 한 영역의 긍정적 변화는 다른 영역에 바로 영향을 미칠 수 있다. 그리고 여러 번의 성공은 자신감을 북돋우고 긍정적인 변화의 흐름을 부채질하는 데 도움이 된다. 다시 말하면, 모든 것에 한꺼번에 손대려고 하지 말자는 이야기다. 그 대신 제대로 초점을 맞추자.

'변화하려는 의욕이 있는가?'라는 질문에 대한 당신의 답을 살펴보고, 신경 써야겠다는 생각이 자연스럽게 드는 영역을 찾자. 어디서 시작할지 모르겠다면 이렇게 생각하라. "이 영역의 상태가 훨씬 나아진다면 어떤 느낌일까?" 미리 어떤 영역에 어떤 장애물이 있을지, 변화가 얼마나 어려울지에 대해 지나치게 생각하지 않았으면 한다. 각각의 영역에서 긍정적 변화가 일어나면 얼마나 유익할지를 생각하는 것으로 충분하다.

일단 한 영역으로 범위를 좁혀 그 영역에 대해 써보라.

이제 당신은 우선적으로 집중하고 싶은 영역을 명확하게 그릴 수 있다. 이번에는 어떤 변화가 얼마나 일어나기를 바라는지 생각할 차례. 선택한 영역의 점수와 그 영역이 삶에 대한 당신의 애정에 미치는 영향을 고려하자. 어쩌면 파격적인 변화가 필요할 수도 있고 간단한 변화가 필요할 수도 있다. 얼마나 달라져야 할지 가늠하는 데 도움이 될 하나의 척도를 소개하겠다. 나는 이것을 REP 척도라고 부른다.

↓ REP 척도란?

'이게 나라고?'라는 생각이 들 정도로 자신의 본모습과 완전히 어긋나 있다고 느껴지는 영역이 있을 것이다. 당신이 여기에 해당되더라도 걱정할 필요 없다. 진정한 자신으로 돌아갈 길은 분명 존재하고, 우리는 함께 이 길을 발견해낼 것이다.

그런가 하면 여기저기 조금만 손보면 삶이 훨씬 나아질 것 같다고 느껴지는 영역도 있을 것이다. 요컨대 나는 당신이 삶에서 추구하는 변화의 정도를 파악하는 데 도움을 주기 위해 'REP 척도'라는 것을 만들었다.

REP 척도	
R (Reinvent)	재창조
E (Evolve)	점진적 변화
P (Pivot)	전환

R. 재창조

재창조는 철저한 점검과 정비를 의미한다. 인생이 완전히 뒤바뀌어 보일 정도로 큰 변화다. 당신은 어떤 영역들을 완전히 뒤엎어야겠다고 생각할 수 있다. 이를테면 건강이 악화되어 삶의 질이 낮아지거나 취업이나 실직 등 직업적 상황 때문에 극도의 스트레스를 받을 때 이런 변화가 필요하다. 재창조는 지금까지 해온 일들의 방식을 완전히 바꿈으로써 크게 달라진 결과를 얻겠다는 결정을 의미한다.

재창조의 예로는 대대적인 체중 감량, 대학 진학, 금주나 금연, 이혼 등이 있다. 우리는 재창조를 통해 처음부터 새롭게 시작하고 이전과 완전히 달라진 모습이 된다. 살다 보면 아무리 애써도 제자리걸음일 때가 많은데, 이럴 때 열정을 다시 불태우기 위해 재창조가 필요할 수 있다.

E. 점진적 변화

점진적 변화는 성장에 가깝다. 말하자면 한 단계 개선된 당신의 세상에 맞춰 당신 역시 한 단계 철이 드는 것이다. 점진적 변화는 현실을 받아들이고 변화를 감당하며 성숙해진다는 의미다.

이를테면 나이가 들면서 건강과 관련된 걱정거리가 늘어남에 따라 건강에 더 신경 쓰기 시작할 수 있다. 일찍 출근하기 전날 술집이나 클럽에 가지 않거나, 더 적절한 사람들과 어울리기 위해 다른 취미를 즐길 수도 있다. 이런 것들이 점진적 변화의 예에 해당된다.

P. 전환

전환은 새로운 방향으로 한 걸음 나아가 큰 변화를 꾀하는 것이다. 예를 들면 더 이상 험담에 끼지 않겠다거나 SNS와 소개팅 앱에 시간을 덜 쓰겠다는 결정이 여기에 해당한다. 사랑하는 사람들의 가치관에서 거슬리는 점을 지적하지 않기로 결정할 수도 있고, 경력을 쌓기 위해 새로운 교육을 받기로 결정할 수도 있다. 아이가 커가면서 기존의 양육법이 통하지 않는 것 같다면 새로운 방법을 시도해야 할 수도 있다.

마음에 드는 새로운 운동법을 발견하거나, 의욕을 북돋우는 강좌를 듣거나, 늘 꿈꾸던 대로 정원에서 채소를 키우거나, 만남 사이트에 가입하는 일도 전환에 해당된다.

★ REP 척도로 볼 때 나는 이 영역에서 ~(이)가 필요하다.

_____

_____

_____

_____

⋎ ~하겠다는 결정

이 책을 읽으면서, 당신은 더 긍정적인 방향으로 삶을 움직여갈 진정한 결정들을 구체적으로 생각하게 될 것이다. 그러기 위해 내가 만났던 수많은 사람이 한 중요한 결정들을 당신에게 알려 주고자 한다. 다음은 대부분의 사람들이 결정을 내려야 하는 공통적인 지점들이다.

- 붙들고 있던 것을 놓아주겠다는 결정
- 관계를 맺겠다는 결정
- 자립하겠다는 결정
- 정신 건강을 개선하겠다는 결정
- 영적인 삶을 시작하겠다는 결정
- 관계를 끝내겠다는 결정
- 누군가와 더 이상 친구로 지내지 말아야겠다는 결정
- 누군가의 행동을 더 이상 묵인하지 않겠다는 결정
- 누군가를 용서하겠다는 결정
- 목소리를 더 크게 내겠다는 결정

이런 결정들은 사람마다 받아들이는 의미가 다르고 무수히 많은 방식으로 나타난다. 누구나 이런 결정을 내리고 그에 따라 행동할 힘이 있다. 그것이 버거울 때도 있겠지만 결정은 백 퍼센트 자기 책임이고, 원하는 삶을 선택할 자유가 있다는 사실은 짜릿한 일이다. 다시 말해 무엇이든 온전히 자기 힘으로 결정할 수 있다는 것은 정말 신나고 설레는 일이다.

바로 지금 당신은 이 책을 읽기로 결정했다. 이 페이지의 모든 단어 역시 당신이 읽기로 선택한 것들이다. 이 결정을 추진하게 된 동기가 있는 한 당신은 어떤 식으로든 삶을 개선하고, 당신 자신의 행동에 대해 더 잘 알게 되며, 삶을 두 손에 꼭 쥘 것이다. 이 결정이야말로 당신에게 가장 이로운 결정이다.

2부에서는 우리를 있는 그대로 존재하도록 도와주거나 본모습과 완전히 어긋난다고 느끼게 하는 힘, 포스에 대해 살펴볼 것이다. 누구나 본연의 모습으로 존재할 수 있고 그렇지 않을 수도 있지만, 반드시 어느 한쪽에 극단적으로 치우쳐 있는 것은 아니다. 즉, 포스는 더 나은 삶을 향한 여정의 일부일 뿐이다. 우리는 이제 더 깊은 수준의 변화를 시작하려 한다. 생각하고 느끼는 방식이 달라져야 행동하는 방식도 달라지기 때문이다. 포스는 바로 이 과정에 도움이 될 수 있다. 열린 마음과 의욕적인 정신, 희망찬 생각을 품고 대담하게 나아가보자.

PART 2

당신의 결정력을 높이는
다섯 가지 포스

ONE
DECISION

CHAPTER
4

결정을 좌우하는 힘

앞서 언급했듯 삶에 대한 인식을 좌우하는 생각 습관이 있다. 내가 수많은 의뢰인과의 작업과 개인적 경험을 통해 발견한 점은 다음과 같다. 더 나은 삶으로 이어지는 결정을 내릴지 아니면 더 많은 스트레스, 압박감, 불안을 야기하는 결정을 내릴지를 궁극적으로 가르는 요소는 바로 인식이다. 사람들은 대부분 자신이 문제라고 인식하는 상황에서 특정한 렌즈를 통해 문제만을 본다. 당신은 많은 사람이 끔찍하다고 인식하는 상황에서도 낙관적이거나 문제 해결에 집중하는 사람을 만난 적이 있을 것이다. 아니면 당신이 긍정적으로 보는 상황을 부정적으로만 보는 사람도 있을 수 있다. 이런 명백한 특징들은 어떤 힘에 영향을 받아 나타난다. 나는 이 힘을 '포스'라고 부른다.

포스의 본질은 행동을 이끌어내고 좌우하는 생각 습관이다. 사람들은 이런 생각 습관에 쉽게 빠져든다. 예컨대 운전 중에 누가 갑자기 끼어들면 매우 화가 나고 공격적으로 운전하게 된다. 이 에너지는 잠시 후 참석한 회의나 마주친 사람에게 고스란히 흘러간다. 불안이나 좌절이 풀리지 않고 곪은 채 마음속에 응어리진다. 이런 일이 자꾸 일어나는 이유는 그런 사고방식을 부추기는 포스가 있기 때문이다. 순간의 감정을 다스리는 법을 연마해서 능숙해질 수는 있다. 하지만 행동 뒤에 숨은 포스를 알아차리는 것이야말로 행동 패턴을 바꾸는 열쇠다.

포스는 머리글자를 따서 만든 줄임말이다. 부정적 포스는 장애물에만 집중하게 하는 힘이고 긍정적 포스는 모든 기회를 볼 수 있게 하는 힘이다. 포스의 의미는 다음과 같다.

포스(F.O.R.C.E.)의 의미

넘겨짚기 Fortune-Telling	사실 조사 Fact-Finding
지나친 일반화 Overgeneralizing	객관적 사고 Objective Thinking
경직된 사고방식 Rigid Mindset	여유로운 사고방식 Relaxed Mindset
불명확한 목적 Confused Purpose	명확한 목적 Clarified Purpose
감정적 추론 Emotional Reasoning	증거 기반 추론 Evidence-Based Reasoning

이제부터는 이 포스들이 결정을 좌우하는 방식에 대해 자세히 알아볼 것이다. 즉 포스는 삶을 재창조하고, 점진적으로 변화시키고, 전환하려는 노력을 돕거나 방해하여 결정에 영향을 미친다. 포스는 우리의 변화 엔진에 큰 힘을 불어넣을 수도 있고, 반대로 더 나은 삶을 위한 여정을 끝내버릴 수도 있다. 결정은 우리 몫이다.

앞으로 내 의뢰인들의 실제 사례를 살펴봄으로써 포스가 어떻게 작용하는지 알아보려 한다. 의뢰인들 중에는 부정적 포스에 사로잡혔다가 인식을 약간 바꿈으로써 순식간에 더 행복하고, 더 부유하고(최소한 몇몇 사례에서는), 더 충만해지는 결정을 내릴 수 있었던 사람들이 있다. 이들이 바꾼 것은 오직 포스뿐이다. 다시 말해 문제를 보는 방식을 바꿔 즉시 최고의 자아로서 하나의 결정을 내릴 수 있게 된 것이다.

부정적 포스, 즉 모든 일을 오로지 장애물로만 보게 하는 힘은 인지 행동 치료 분야에서 '인지적 왜곡(cognitive distortion)'이라고 부르는 사고 유형의 예다. 왜곡이 심해지면 우울, 불안, 약물 남용 등의 증상들이 악화될 수 있다. 두려움이 이런 증상들로 나타나는 것이다. 포스는 인지적 왜곡의 일종으로 결정에서 가장 큰 역할을 하는 생각 습관을 형성한다. 각각의 부정적 포스를 살짝 뒤집으면 긍정적 포스가 된다. 그리고 이것은 갖가지 왜곡된 사고에서 빠져나와 현실로 돌아오도록 돕는다.

왜곡된 사고 혹은 '장애물 관점'의 사고에서 '기회의 관점'으로 옮겨가려면 준비가 필요하고 진실과 논리의 힘을 빌려야 하며, 약간의 창의성도 필요하다. 영감을 받아 의욕이 충만해져야 눈앞의 잠재적 기회들을 볼 수 있기 때문이다. 이런 요소들은 기회의 관점이 갖는 특징으로 계속 언급될 것이다. 이것들이 장애물 관점을 탈피할 수 있게 하는 포스의 핵심이기 때문이다.

∿ 포스에 대한 간략한 설명

다음은 각 포스의 의미에 대한 간단한 설명이다. 이 설명을 통해 앞으로 2부에서 더 자세히 알아볼 내용들을 대충 파악할 수 있다.

◉ 부정적 포스 F　　　　　　　　　　　　**넘겨짚기**

넘겨짚기는 다른 사람들의 생각이나 행동을 짐작하는 것, 그리고 상황이 어떻게 펼쳐질지 안다고 생각하는 것을 말한다. 경험이나 지식을 바탕으로 하는 추측과 달리 넘겨짚기는 사실과 정보가 없는 상태의 추측이다. 이런 식으로 미래를 예측하거나 가정할 때는 '이야기'를 바탕으로 추측한다. 이런 식의 추측은 맞기도 하고 틀리기도 한다. 넘겨짚기의 예는 다음과 같다.

- 승진 요구에 대해 상사가 어떻게 반응할지 예측하기
- 물어보지 않아도 친구가 어떻게 반응할지 안다고 생각하기
- 응시하기도 전에 시험에 떨어질 것이라고 단정하기
- 일어날 수 있는 최악의 상황을 상상하기(넘겨짚기의 극단적이고 흔한 예)

○ 긍정적 포스 F **사실 조사**

사실 조사는 해로운 사고방식인 넘겨짚기와 반대되는 사고방식으로, 넘겨짚기에서 빠져나올 수 있는 길이다. 사실 조사는 현재 상황에서 정확한 사실이 무엇인지 알아내는 것을 말한다. 이를테면 승진을 요구했을 때 상사가 뭐라고 할지 추측하는 대신 당신이 승진해야 하는 논리적 이유와 근거를 모아 상사에게 제시하는 것이다. 어려운 시험에 떨어질 것이라고 단정하는 대신 공부해서 시험에 대비하고 최선을 다해 문제를 푸는 것이다. 마음속에서 만들어낸 이야기가 아니라 근거에 따라 결정을 내리려면 상상이 아닌 사실 속에서 살아야 한다.

지나친 일반화란 하나의 사례에만 근거하여 결론을 내리는 것이다. 간단한 예를 들면 퇴근길에 운전하면서 못을 밟았는데 "길거리에 있는 못은 내가 다 밟네"라고 생각하는 것이 지나친 일반화다. 감기에 걸렸을 때 "세균이란 세균은 다 내 몸으로 들어온다니까"라고 생각하는 것도 마찬가지다. 시험 성적이 한 번 낮게 나왔다고 "난 학생 자격이 없어. 그냥 학교를 그만둬야 하나 보다"라고 결론내리는 것도 지나친 일반화다. 자기가 지지하는 정당의 반대당이 무식하고 이기적이며 동성애 혐오 성향이 있다는 식으로 꼬리표를 붙이는 사람이 있을 수는 있다. 하지만 어떤 정당의 모든 당원이 한 명도 빠짐없이 그런 묘사에 들어맞지는 않는다. 모든 이슬람 교인이 테러리스트라거나 모든 기독교인이 광신도라고 꼬리표를 붙이는 경우도 마찬가지다. 지나친 일반화에는 상황을 더 알아보려는 마음이 없다. 마주한 문제에 대해 전혀 탐색하려 하지 않는 태도가 있을 뿐이다.

지나친 일반화와 반대로 객관적 사고에는 완전히 열린 마음이 필요하다. 열린 마음은 더 알고자 하는 호기심이다. 이곳에는 진실과 유연함이 존재한다. 열린 마음으로 인생을 바라보는 사람은 새로운 아이디어를 떠올리고 새로운 믿음 체계를 살펴보며 새로운 사고방식을 받아들일 수 있다. 이 지점에서 발전이 시작된다. 객관적으로 생각할 때는 다른 사람들의 관점이 더 잘 보이기 때문에 공감과 온정을 느끼고 실천할 수 있다. 그리고 그 결과 주변 세상과 더 평화로운 관계를 맺을 수 있다. 그뿐만 아니라 자신의 인생도 열린 마음과 객관적 시각으로 바라보기 때문에 내면이 더 평온해질 수 있다. 객관적 사고를 할 때 우리는 지나친 일반화를 하는 대신 시행착오와 배움을 위한 여유를 누릴 수 있다.

◎ 부정적 포스 R   **경직된 사고방식**

융통성 없는 태도를 취하는 사람은 '내 방식에 따르지 않으려면 떠나라'라는 식으로 생각하기 쉽다. 논쟁에서는 한 마디도 그냥 넘어가지 않고 끝까지 이기려 든다. 결정을 내릴 때도 이렇게 경직된 태도로 임하면 어떤 일을 이루기 위해 여러 가지 방법을 고려할 만한 여유가 없다. 늘 해왔던 방식만이 옳다고 여기기 쉽다. 경직된 사고방식으로 생각할 때는 스스로 옳다고 믿는 방식에 사로잡혀 무엇이 자기에게 최선인지 알지 못하는 경우가 많다.

여유로운 사고방식

경직된 사고방식과 반대로, 여유로운 사고방식이란 결정을 내릴 때 긴장을 풀고 차분한 상태에서 숨을 깊이 들이쉬고 눈을 크게 뜨고서 무엇이 자신에게 가장 이로운지 살펴보는 것을 말한다. 당신이 긴장을 풀고 행동하면, 주변 사람들은 특정한 방식의 생각이나 행동을 강요받는다고 느끼는 대신 평온한 에너지를 감지하고 당신이 귀를 기울여준다고 느낀다. 여유롭게 사고할 때 우리는 스스로 만든 틀에 맞춰 인생을 보거나 자기 입맛대로 움직이려고 하는 대신 경계를 허물고 삶을 있는 그대로 받아들이기 쉬워진다. 문제에 부딪히더라도 "5년 후에도 이게 그렇게 중요할까?"라고 자문하며 더 균형 있는 시각으로 세상을 볼 수 있게 된다.

불명확한 목적

어지러운 마음에 갇히면 무력감과 불안 속에서 아무것도 못하는 상태가 된다. 불명확한 목적이라는 포스가 작용할 때 우리는 상황을 부담스럽게 생각하게 된다. 하나하나 분석하다가 머릿속이 하얘지고 결정을 못 내리겠다고 느낀다. 어떤 주제에 대해 잘 모르는 사람들에게 조언을 구하거나 너무 많은 의견을 살펴볼 때도 이런 일이 일어난다. 머릿속 목소리가 중구난방 떠들어대는 바람에 목적을 잃고 심지어 자신의 참모습과도 멀어진다. 이때 느끼는 혼란은 학교 공부나 시험에서 모르는 부분이 있는 것과는 다른 의미의 불명확함이다. 자신이 왜 이런저런 방식으로 행동하는지, 그 이유가 명확하지 않다는 말이다. 사람들의 비위를 맞추고 서로 지나치게 의존하는 것도 이 불명확한 목적의식에서 나오는 행동일 수 있다. 이렇게 하면 기분이 더 좋아지리라고 생각하지만 사실은 그렇지 않다.

◉ 긍정적 포스 C   **명확한 목적**

목적이 없으면 대개 혼란스럽고 갈피를 잡기 어렵다. 따라서 불명확한 목적이라는 포스를 극복하는 방법은 목적을 분명히 하는 것이다. 이럴 때 의사결정 팀이 있다면 큰 도움을 받을 수 있다. 의사결정 팀이란 당신이 내리려는 결정과 관련된 경험이나 지혜가 있는 사람들, 그리고 목적을 재조정하도록 도와줄 수 있는 사람들이기 때문이다. 일단 목적을 정하면 혼란이 사라지고 결정 방향이 명확해진다. 예컨대 어떤 파티에 갈까 말까 고민 중이라면 참석 목적을 명확히 해야 한다. 초대한 친구를 위해 얼굴을 비추고 마음이 편해지기 위해서인가? 경력에 도움이 될 인맥과 기회가 있기 때문인가? 오랜만에 옛 친구들과 안부를 묻기 위해서인가? 목적이 명확하지 않으면 막상 파티에 가서도 '내가 지금 왜 여기 있지?'라는 생각이 들 수 있다. 혼란스러울 때는 어떤 결정이 당신의 목적과 최고의 자아, 진정한 소망에 부합하는지 살펴보는 것이 중요하다.

⊙ 부정적 포스 E   감정적 추론

우리는 느낌과 사실이 다르다는 것을 잘 알면서도 종종 감정적 추론을 한다. 느낌은 꽤 강력하고 설득력 있다. 그래서 사람들은 감정을 사실로 믿고 감정적 추론에 빠진다. 이런 식이다. "그렇군, 하지만 나는 이렇게 느껴. 그러니까 이렇게 해야(혹은 하지 말아야) 해." 직감과 느낌은 엄연히 다르지만 감정적 추론에 휩쓸리면 이 둘을 혼동하기 쉽다. 감정은 일시적이고 의지할 수 없는 것이다. 공포, 우울, 불안에 휘둘려 결정해서는 안 된다. 그런 감정이 들면 자신에게 이로운 일을 중요하게 여기지 않을 수 있다. 우울할 때 온종일 틀어박혀 사람들과 교류하지 않는다면 많은 기회를 놓치게 된다. 사람들과 떨어져 있는 동안에는 기분 좋을지 몰라도 그것이 자신에게 가장 좋은 일은 아니다. 예전에 나는 내가 대중 앞에서 강연할 수 있다고 생각해본 적이 없었다. 사람들 앞에 나설 때 불편한 감정을 느끼기 때문이었다. 생각만 해도 두려움이 앞섰다. 이처럼 감정적 추론은 더 나은 존재가 되려는 의욕을 꺾는 핵심 원인이기도 하다.

🔵 긍정적 포스 E 　　　　　　　　　　　　증거 기반 추론

아마 당신은 포스와 관련하여 중요한 점이 뭔지 깨닫기 시작했을 것이다. 즉, 기회에 집중하는 긍정적 마음가짐은 주로 논리적 근거를 받아들인다. 감정적 추론이라는 포스를 극복하려 할 때는 증거가 최고의 무기다. 우리는 마주한 문제가 일으키는 감정에 집중할 때보다 그 문제의 진실에 다가갈수록 더 자유로워진다. 사람들에게 인정이나 허락을 받아야 하는 일을 처음 할 때는 기분이 좋을 수가 없다. 특히 비용을 대는 사람이 있거나, 그 일로 당신이 평가를 받을 때는 더욱 그렇다. 아직 서툴기 때문에 불안한 것이다. 최선을 다한다고 하더라도 반드시 최고가 될 수는 없지 않은가. NBA에서 1순위로 지명된 신인 선수라도 처음부터 압도적인 경기를 펼치기는 어렵다. 아마 그 선수는 첫 프로 경기에서 보여준 모습이 자신의 최대 기량이라고 말하지 않을 것이다. 우리가 보기에는 슈퍼스타이더라도 말이다. 나는 사람들 앞에서 강연하기가 두려웠지만 그 감정과 반대되는 행동을 해야 했다. 한 번 하고 나니 사실은 강연이 즐거운 일이고 내 자아의 목표에도 부합한다는 증거가 비로소 보이기 시작했다.

부정적 포스	긍정적 포스
넘겨짚기 • 다른 사람들이 어떻게 생각하고 행동할지 추측하기 • 상황이 어떻게 펼쳐질지 예측하기 • 일어날 수 있는 최악의 상황을 상상하기 • 사실이 아니라 자신이 만들어낸 이야기를 바탕으로 의견 세우기	**사실 조사** • 논리적 근거 모으기 • 다른 사람들의 생각을 넘겨짚지 않고 직접 물어보기 • 전문가에게 물어보기 • 이야기가 아니라 정보를 바탕으로 예측하기
지나친 일반화 • 하나의 사례를 근거로 결론 내리기 • 한 사람이나 한 번의 경험으로 전체 집단에 꼬리표 붙이기 • 한 사건의 결과로 자신에게 꼬리표 붙이기	**객관적 사고** • 한 순간에 얽매이지 않고 자기 자신, 다른 사람들, 상황 등 모든 측면을 고려하기 • 호기심과 유연한 태도 갖기 • 새로운 믿음, 아이디어, 사고방식을 탐색하고 받아들이기 • 공감과 연민을 발휘하기(다른 사람들의 관점을 더 잘 이해할 수 있음)
경직된 사고방식 • '내 방식에 따르지 않으려면 떠나라'라는 사고방식 • 모든 대화와 논쟁에서 자신이 옳아야 함/마지막 한 마디까지 이겨야 함 • 늘 해왔던 방식이 유일한 방식이라고 믿기	**여유로운 사고방식** • 심호흡하며 차분하게 상황에 접근하기 • 시간을 내어 다른 사람들이 관심과 존중을 받는다고 느끼게 해주기 • 인생을 마음대로 휘두르려고 하지 않고 그 자체로 받아들이기 • '이 일이 5년 후에도 그렇게 중요할까?'라고 자주 생각하기
불명확한 목적 • 무력감, 압도감이 들 때까지 상황에 대해 과하게 생각하기 • 결정을 내리거나 행동에 나서지 않기 • 너무 많은 의견을 살펴보기, 직감 잃기 • 지나치게 의존하는 관계 만들기 • 비위 맞추기	**명확한 목적** • 자신이 내린 결정의 이유에 대해 생각하기 • 모든 결정이 반드시 '인생의 궁극적 목적'과 관련 있는 것은 아니고, 그저 상황에 맞는 역할이 필요할 때도 있다는 사실 알기 • 어떤 상황에서든 자신의 목적을 이해하고 발견하기 • 목적을 재조정하도록 도와주는 의사결정 팀과 협력하기

감정적 추론	증거 기반 추론
• 느낌이 사실이라고 믿기 • 느낌을 바탕으로 결정하기 • 그리 좋은 느낌이 들지 않는다는 이유로, 더 나은 사람이 되려고 노력하지 않기	• 문제의 진실에 다가가기 • 느낌이 아니라 증거를 바탕으로 결정하기 • 새로운 기술, 능력을 기르기 위해 익숙한 울타리를 벗어나기

⌄ 어떤 포스를 선택할 것인가?

우리가 마주하는 문제들은 대부분 그것을 기회가 아니라 장애물로 '인식'할 때만 문제로서 존재한다. 그런데 부정적인 측면을 장애물로 보는 것은 지극히 정상이다. 문제에 의미를 부여하는 것은 자연스러운 일이다. 실제로 이것은 뇌가 우리를 보호하는 하나의 방식이다. 곤란을 겪은 후 비슷한 장애물을 만나면 같은 시각으로 보게 되는 것이 당연하다. 뇌에서는 이렇게 말한다. "조심해! 피해야 해! 전에도 이런 적이 있는데 안 좋은 일이었어!" 하지만 여기에 속지 말자. 새로운 장애물이 늘 과거의 장애물과 똑같다고만 추정할 수는 없기 때문이다. 눈을 똑바로 뜨고 현재 상황에 비추어 보아야 한다.

도대체 어떻게 해야 할까? 이것이 앞으로 설명하려는 내용이다. 우리는 뇌가 어떻게 눈앞의 기회도 놓칠 정도로 장애물에만 시선을 고정하는지, 그 무의식적인 마음의 작용에 대해 자세히 알아보려 한다. 그리하여 모두가 힘들어하는 이런 터널 같은 시각을 뒤로하고 빛으로 향할 것이다.

관건은 이 모든 과정에서 포스가 우리에게 미치는 영향이다. 자기도 모르게 부정적 포스가 결정에 영향을 미치게 두었다면, 지금이야말로 판을 뒤집어 긍정적 포스를 선택할 기회다!

회복 단계의 의사결정

나는 약물, 술, 식이장애, 도박, 트라우마 등에서 회복 중인 사람들을 많이 만났다. 이들은 회복된 후의 정서적 역량이 술이나 약물을 시작한 시점에 그대로 멈춰 있다고 했다. 이것은 의사결정에 매우 중요한 영향을 미칠 수 있다. 특히 어린 나이에 약물 복용을 시작했다면 더욱 그렇다. 이런 이유에서도 자기만의 결정 방식과 전략을 이해하는 것은 매우 유용하다. 자신에게 가장 이로운 방향으로 결정을 바로잡을 수 있기 때문이다.

부기맨의 역할

어린 시절 무서워했던 것들은 어른이 된 후에도 삶에 자주 나타나고, 우리를 이리저리 몰고 가는 포스에도 영향을 미칠 때가 많다. 이 사실을 깨닫지 못하면 지긋지긋한 두려움에 인생의 지휘권을 자꾸만 넘겨주게 된다. 나는 이런 두려움을 부기맨(Boogeyman, 아이들에게 겁주기 위한 가상의 존재로, 주로 침대 밑이나 옷장 속에 숨어 있다고 함–옮긴이)이라고 부른다. 부기맨을 그대로 놔두면 우리는 부정적 포스로 이끌리고 결국 스스로 발목을 잡기도 한다. 이 책을 읽는 여러분은 이런 일이 일어나지 않도록 뭐든 하고 싶을 것이다. 그런데 내가 깨달은 바, 부기맨을 피하는 최고의 방법은 그냥 부기맨의 존재를 알아차리는 것이다.

어린 시절에 무서웠던 것은 어른이 되어도 무섭다. 부기맨은 두려움(fear), 즉 진짜처럼 보이는 '가짜 증거(false evidence appearing real)'에서 나온다. 예를 들어 어린 시절 또래 사이에서 호감을 받지 못해서 힘들었다면 자라서도 비슷한 상황에서 힘들어질 것이다. 어른이 되어도 계속 떠오르는 과거의 사건들은 부기맨이 될 수 있다. 예컨대 가정을 버리고 떠난 엄마나 아빠 때문에 버림받을까 봐 두려워하는 사람도 있고, 감정적으로나 성적으로 학대받은 과거의 상처를 치유하지 않는 한 어딜 가든 안전하지 않다고 느끼는 사람도 있다. 알코올 중독인 가족과 어린 시절을 보낸 사람이라면 다른 사람들을 돌보는 데서 자신의 가치를 찾으려는 경우가 많다. 이것은 술 마시는 부모를 돌봐줘야 한다고 느꼈기 때문에 나타나는 특징이다. 어린 시절의 경험,

특히 트라우마가 되는 모든 사건은 부기맨이 되어 우리를 평생 따라다닐 수 있다. 부기맨이 심어놓는 다음과 같은 믿음들은 어린 영혼에 뿌리를 내리고 자라난다.

- 너는 부족한 사람이야.
- 사람들이 너를 잘 알게 되면 더 이상 사랑해주지 않을걸.
- 너는 안전하지 않아.
- 사람을 믿으면 안 돼.
- 너는 겁쟁이야.
- 사람들에게 잘 보여야 돼.
- 비밀을 지켜야 돼.
- 사람들과 너무 가까워져선 안 돼. 가까워지면 그들은 널 떠날 거야.

그 아이들은
나를 좋아하지 않을 거야

그들은 나를
채용하지 않을 거야

아무도
날 사랑하지 않아.

이런 믿음이 마음속에서 점점 커져서 참기 힘들어지거나 불안해졌다면 그때는 도움을 요청해 치료받아야 할 수도 있다. 이런 일은 결코 드물지 않다. 많은 사람이 평생 부기맨을 끌어안고 산다. 하지만 다행스럽게도 상처를 치유하고 부기맨을 영원히 몰아내는 데 엄청나게 도움이 되는 방법들이 있다. 당신 역시 당신만의 치유 방법을 발견할 수도 있다. 부기맨을 다스리는 힘이 커짐에 따라 부기맨이 점점 사라진다고 느낀다면 당신의 방법은 꽤 효과가 있는 것이다. 어찌됐든 치유는 부기맨의 존재를 알아차리는 데서 시작한다. 따라서 당신은 포스에 대한 내용을 읽어가면서, 당신의 삶을 휘두르려고 하는 부기맨이 존재하는지 정신을 바짝 차리고 살펴보아야 한다.

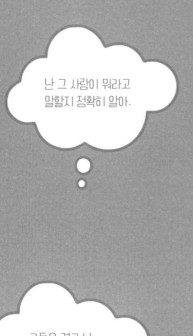

넘겨짚기 vs. 사실 조사

앞의 말풍선을 읽어보라. 많이 들어본 얘기 아닌가? 당신은 상황이 어떻게 흘러갈지 정확히 안다고 확신하고, 마음속에서 만든 이야기를 바탕으로 결정하고 행동한 적이 있는가? 그런 적이 있더라도 너무 속상해할 필요는 없다. 누구나 그렇게 한다. '넘겨짚기'는 믿을 수 없을 정도로 흔히 일어난다. 넘겨짚어 생각하는 습관은 과거의 경험에서 시작될 수 있다. 심지어 부기맨이 그 시작점이기도 하다. 그런데 한 가지 확실한 것은 넘겨짚기가 최고의 자아에서 비롯하지 않으며 진정한 결정으로 이끌어주지도 않는다는 점이다. 자신을 재창조하고 세상과 함께 천천히 변화하며 더 나은 삶을 만들어가는 여정에 무엇이 있을지는 예측할 수 없다. 우리가 사실에 굳건하게 뿌리내리고 살려는 것도 이런 이유에서다. '사실 조사'는 넘겨짚기와 반대되는 포스로, 넘겨짚기의 흐릿함에서 바로 빠져나올 수 있는 통로다. 사실을 살필 때 우리는 더 명확한 시야를 갖게 되고 두려움에서 나오는 근거 없는 이야기 대신 최고의 자아로서 분명한 결정을 내릴 수 있다.

내 친구 마이크는 고급 헬스장의 트레이너이고 개인 트레이닝 사업체도 운영하고 있다. 거대한 허벅지로 유명한 마이크는 코치 쿼드(Coach Quads, quads는 대퇴사두근을 말함-옮긴이)로 통한다 (인스타그램 계정도 @coachquads다). 정말이지 그의 다리는 엄청나다. 하지만 마이크는 단순히 엄청난 근육을 키운 트레이너일 뿐만 아니라 믿음직하고 배려 있고 집중력이 대단한 사람이다. 그는 절대로 남을 이용하지 않는다. 최고의 개인 트레이너임은 말할 것도 없다. 그런데 놀랍게도 마이크는 종종 그런 자신을 과소평가한다. 나 역시 마이크와 상담하면서 이런 점에 깜짝 놀랐다. 이야기를 나눠보니 그가 머릿속으로 되뇌는 근거 없는 이야기를 바탕으로 일과 관련된 결정들을 내리고 넘겨짚기를 한다는 것이 점점 분명해졌다. 요컨대 마이크는 사람들이 말하기도 전에 그들이 뭐라고 말할지 예측할 수 있다고 믿는다. 자, 이제 마이크의 이야기를 들어보자.

마이크는 회원들의 몸매를 멋지게 다듬어 엄청난 성공을 거둔

초일류 트레이너지만 그게 전부가 아니다. 그는 아주 섬세한 능력으로 회원들의 심각하고 복잡한 정신적 문제까지 다룬다. 그래서 자살 충동으로 고통받는 사람들, 심한 우울증이나 불안 증세가 있는 사람들, 아침에 도저히 눈이 떠지지 않는 사람들, 한 시간짜리 유산소 운동을 엄두조차 못 내는 사람들은 마이크에게 훈련받으면서 완전히 다른 삶을 산다. 참고로 이곳 로스앤젤레스는 일대일 트레이닝 같은 서비스가 일반적이고, 다른 지역에 비해 사람들이 이런 서비스에 더 많은 돈을 지불하는 데 익숙하다. 게다가 마이크가 제공하는 모든 서비스를 감안하면 그는 원하는 만큼 많은 비용을 받을 수 있다. 하지만 그는 요금을 조금도 올려 받지 못하고 지나칠 정도로 머뭇거렸다. 지난번에 이 문제에 대해 대화했을 때, 마이크는 어릴 적 살던 동네에서 성공을 찾아 떠나는 이웃을 보던 사람들의 시선에 대해 말했다. 그는 이 시선을 "네가 뭐라도 되는 줄 아냐?"라는 한마디로 표현했다. 나는 여기가 우리의 출발점이라고 생각했다.

"그럼, 당신이 자란 동네에선 '네가 뭐라도 되는 줄 아냐?'라는 심리가 있었다는 말이군요?"

마이크는 활짝 웃으며 대답했다.

"맞아요. '네가 뭐라도 되는 줄 아냐? 좀 유명해졌다고 한 시간에 그 돈을 받아? 내가 하루 종일 일해야 받는 돈이잖아!' 이런 식이죠."

"그렇군요. 가족과 이웃들의 그런 말들을 당신의 부기맨이라고 할게요. 마이크, 아직 고향 사람들과 어울리나요?"

마이크는 고개를 저으며 말했다.

"사실 아무도 안 만나요. 이제 '그들'은 내 머릿속에만 있는 거죠. 회원들 머릿속의 '그들'에 대해서도 이야기해봤어요. 발목을 잡거나 더 많은 일을 해낼 수 없다고 생각하게 하는 목소리 말이에요. 우리 무의식 속의 헛소리죠."

"그럼 '네가 뭐라도 되는 줄 아냐?'라는 꼬리표 대신 당신에게 해줄 수 있는 따뜻한 말은 뭐가 있을까요?"

마이크는 곧바로 대답했다.

"넌 그럴 자격이 있어. 넌 할 수 있어."

"좋아요. 그럼 요금을 높이려고 할 때 당신이 뭘 가장 무서워한다고 생각해요?"

"내가 뭔가를 무서워하는지는 모르겠어요. 실제 두려움보다 나를 방해하는 마음속 혼잣말이 문제예요."

"개인 회원이 되고 싶어 하는 사람과 요금 인상 이야기를 한다고 칩시다. 얘기가 어떤 식으로 진행되나요? 전화가 와서 '마이크, 당신에게 계속 트레이닝을 받고 싶은데⋯⋯'라고 말하면 당신은 뭐라고 하죠?"

"그동안 그 회원이 얼마나 잘했는지 말해줘요. 난 긍정적인 사람이고, 긍정적인 피드백을 주거든요. 그다음엔 어디서 트레이닝할지, 다니는 시설이 있는지, 그런 이야기를 해요."

"돈 이야기는 언제 나오나요?"

"아마 그러고 나서 할 거예요."

"회원들이 비용을 물어볼 때 기분이 어떤가요?"

"초조해요."

"불안한가요?"

"네, 돈 이야기가 나오면 불안해지는 것 같아요."

"좋아요. 자, 이제 자세히 살펴볼까요? 정신과 시설에서 당신에게 트레이닝을 받으면서 일정한 돈을 지불하는 데 익숙한 사람들이 개인 회원으로 등록하고 싶어 해요. 이 사람들은 이런 서비스에 지불하는 비용이 그렇게 낯설지 않아요. 사실 당신이 받는 돈은 그 사람들이 시설에서 일대일 트레이닝을 받으면서 지불하던 돈의 절반밖에 안 되죠. 애초에 당신이 비용을 반으로 줄여야겠다고 느낀 이유는 뭐예요?"

"최저가를 제시하면 그 사람들이 확실하게 내 회원이 될 것 같아서요."

나는 농담 삼아 말했다.

마이크는 웃음을 터뜨리고 대답했다.

"좀 웃기긴 하네요. 몸으로 하는 일이다보니 이런 서비스에 지불하기에는 많은 돈이라는 생각이 뱄나봐요."

"이런 서비스가 아니고 당신에게 지불하는 돈이죠! '당신이 제공하는 서비스'요. 그 사람들은 돈을 내고 헬스장에서 흔히 제공되는 서비스를 이용할 수 있어요. 하지만 당신에게선 편안한 마음으로 자기에게 더 잘 맞는 훈련을 받을 수 있잖아요. 게다가 그 사람들은 훈련받을 때 더 섬세하고 따뜻한 관리가 필요해요. 당신이 일주일에 세 번씩 문자를 보내주는 것처럼 말이에요. 특히 이런 회원들은 당신의 도움에 정말 큰 혜택을 받아요. 당신을 믿고, 훈련받는 게 즐겁기 때문에 계속하고 싶은 거예요. 하지만 당신은 사람들이 당신 가치만큼 돈을 지불하지 않을 거라고 넘겨짚고 있죠. 넘겨짚기의 반대는 사실을 보는 거예요. 난 우리가 사실을 봤으면 좋겠어요. 우선 요금을 더 받지 못하면 어디에 타격이 올까요?"

"분명 경제적으로 타격이 오겠죠. 돈을 더 받으면 같은 시간 일하고 더 많이 벌거나, 일하는 시간을 줄이고 가족과 더 많은 시간을 보낼 수 있을 거예요."

"돈 때문에 스트레스를 받기는 하죠?"

"그럼요. 그리고 일하느라 가족과 시간을 보내지 못하는 것도 스트레스예요. 지금은 최소한 하루의 4분의 1은 아들과 함께 보낼 수 있도록 일정을 짜요. 하루 종일 아이를 못 보는 날도 있거든요."

"그럼 이런 코스를 제공할 수 있겠네요. 트레이닝을 하되 회원이 아침 산책을 잘 하는지, 식단을 지키는지, 계획표대로 해나

가는지 일주일에 세 번씩 체크해주는 거예요. 이렇게 하면 사람들이 당신을 더 찾지 않을까요?"

곰곰이 생각하더니 마이크가 대답했다.

"그래요. 그렇겠네요. 그리고 난 트레이너로서 회원을 숨 막히게 하지 않으려고 늘 의식해요. 지나치게 압박하지 않으려고요. 그런데 좀 더 챙겨줘야 한다는 생각도 들어요. 회원에 따라 다르지만요."

내가 말했다.

"거절이 무섭다는 말 같군요."

"네, 그게 핵심이에요. 거절에 대한 두려움은 내 인생 자체예요."

"그래요. 그리고 '왜 그렇게 비싸요?'라는 말도 무서워하는 것 같아요. 그래서 최악의 경우를 예측하고, 그 주제에 아예 접근도 안 하는 거죠."

마이크의 얼굴에는 함박웃음이 번졌다. 나는 계속 말했다.

"웃고 있네요. 이 대화를 참고해서 새로운 요금을 책정할 마음이 들어요?"

그는 웃음을 터뜨리며 말했다.

"네. 그래요. 내가 웃는 이유는 이 상황이 너무 우스꽝스러워서예요. 트레이너 일을 하면서 나 같은 사람들을 항상 보거든요. 사람들은 자기가 왜 X를 못하고 Y, Z를 못하겠는지 구구절

절 핑계를 대요. 아마 당신이 보면 그 사람들도 지레 넘겨짚는다고 할 거예요. 나는 운동할 때는 그러지 않는데 돈만 관련되면 그래요."

"그럼 이제 회원의 집에 가서 방문 트레이닝을 해주고 지금 요금의 두 배를 받는다고 생각해봐요. 여기엔 이동하는 수고, 시간, 에너지, 연료비도 들어요. 그리고 누군가를 집에 불러서 훈련받는 건 일종의 호사죠. 자, 실제로 LA에서 10km 남짓 움직이려면 한 시간 반이 걸릴 수 있으니 이동 시간 세 시간에 트레이닝 한 시간이 들겠죠. 당신은 여섯 살짜리 아들과 더 많은 시간을 보내고 싶고, 회원에게 더 많은 에너지를 쏟을 마음이 있어요. 그러니 회원 수를 줄이면 더 좋은 서비스를 제공할 수 있고 당신도 더 가볍고 의욕적으로 일하게 될 테고, 숨통이 트일 거예요. 이번엔 이걸 생각해보죠. 당신이 왜 요금을 올려 받을 자격이 있는지 말해볼까요?"

"난 22년이 넘는 경험이 있어요. 그게 한 가지 이유고요. 얼추 17년은 정신 건강을 돌보는 일도 했어요."

"와, 그러면 17년 동안 병적인 우울증과 급성 장애가 있는 사람들과 함께했고, 매우 특이하고 일반적이지 않은 상황에 있는 사람들을 대할 때 아주 편안하게 느낀다는 말이네요. 의료팀과 함께 일했고요."

마이크는 고개를 끄덕이며 말했다.

"네. 그리고 그 경험은 모든 회원에게 고스란히 돌아가요. 그 래서 나는 단순히 시설에서 트레이너가 맡은 역할만을 하지는 않아요. 이제는 회원들 인생의 모든 측면을 고려하거든요. 회원을 만날 때마다 뭔가를 개선하거나, 치유하거나, 세밀하게 바로 잡는 기회로 삼아요. 난 늘 회원들의 운동량을 조절하거나 늘려 주기도 해요. 회원들은 내가 직감이 엄청 뛰어나다고 해요. 그 순간에 뭐가 필요한지 너무 잘 안다고요."

"잘 알겠어요. 자, 이제 누가 전화해서 이렇게 말한다고 생각 해봐요. '안녕하세요, 트레이닝을 받고 싶은데요. 얼마예요?' 당 신은 새로 책정한 요금을 말하겠죠. 최악의 경우를 가정해볼까 요? 그 사람이 이렇게 말하는 거예요. '세상에, 미용실에서 염색 하고 펌까지 할 수 있을 가격이네요! 왜 그렇게 비싸요?'라고 말 이에요."

마이크는 확신에 찬 목소리로 차분하게 말했다.

"저는 이 분야에서 22년 경력이 있거든요. 트레이닝은 물론이 고 정신 건강을 돌본 경험도 아주 풍부하죠. 운동만 하는 게 아 니라 더 나은 생활습관을 만들기에 적합한, 아주 섬세한 관리를 받으실 수 있을 겁니다."

"당신이 지금 말한 건 사실이에요. 그렇게 말하니 기분이 어 때요?"

"기분이 좋네요. 네, 정말 그래요."

마이크는 자신감이 붙은 목소리로 말했다.

"그래 보여요."

"네, 정말 기분이 좋아요. 그런데 '네가 뭐라도 되는 줄 아냐?' 라는 생각이 아직 머릿속에 있긴 해요. 바가지 씌우는 것처럼 보이면 어쩌나 걱정도 되고요."

"이건 '네가 뭐라도 되는 줄 아냐?'라는 생각을 바꿀 기회예요. '난 내가 어떤 사람인지 알아!'라든가 '내가 누군지 말해주지. 난 22년이나 이 일을 해왔어. 17년 넘게 사람들의 정신 건강을 돌봤고, 사람들이 목표를 이루게끔 도와준다고! 나는 당신에게 최고급 맞춤형 서비스를 제공할 거고, 그 결과는 당신의 변화로 나타날 거야. 난 이런 사람이야'라고 말이에요. 당신은 실제로 그런 사람이니까요. 그렇죠?"

"맞아요."

"그리고 회원들 중에는 섬세한 도움이 필요한 사람도 있겠죠. 당신이 책임지고 그런 서비스를 제공할 기회예요. 이런 서비스를 책임 프로그램이라고 해서, 회원들에게 강요하지 않되 하나의 선택지로 넣는 거예요. 정말로 도움이 될 프로그램을요. 나는 이런 말이 좋더라고요. '이게 내가 도와줄 수 있는 부분이에요. 싫으면 안 해도 돼요.' 당신은 누군가의 목표를 이루는 데 필요하고 도움이 될 서비스를 제공하는 거예요. 사실 당신에게도, 회원에게도 기회인 셈이죠."

"네, 그래요."

"좋아요. 이 일로 뭘 배웠나요?"

"내가 더 높은 요금을 받을 자격이 있다는 사실이요. 그리고 무의식적인 생각이 내 머릿속을 휘젓도록 놔뒀다는 것도요. 난 사람들이 뭐라 말할지 무서워서 감정적으로 공황 상태가 되고 나 자신을 깎아내리기 시작해요. 정말 말도 안 되는 일이죠. 나는 사실을 보고 좀 더 당당할 필요가 있어요. 내 경험과 능력이라는 사실이요."

"당신이 세상을 보던 방식은 당신의 가치와 자격을 보지 못하게 하는 방식이었어요. 당신은 상황의 장애물 안에서만 존재했고 어떤 일이 일어날지 넘겨짚었죠. 이젠 사실 안에 살면서 기회를 보고 있고, 앞으로 어떻게 할지 결정했어요. 나중에 이런 일이 생기면 잘 해결한 다음 나에게 전화해요. 일이 어떻게 진행되고 있는지 알려줘요. 아내에게 이야기할 수도 있어요. 아내는 당신을 지지해줄 사람이니까요. 아내 분이 격려하고 도와주겠죠?"

"그럼요!"

"아마 이렇게 말할지도 몰라요. '코치 마이크가 한 얘기, 내가 늘 하던 말이잖아!'라고요."

"네, 분명 그럴 거예요."

나는 당신이 지불한 만큼 얻고 당신의 가치만큼 받는다고 굳게 믿는다. 어떤 업계에서든 전문가가 되려면 그 업계에 존재하는 사실들을 알아야 한다. 막 대학을 졸업한 스물한 살짜리 트레이너는 틈새시장까지 노리기에 충분한 경험이 없다. 하지만 마이크는 오랜 시간을 투자하여 자기만의 독특한 능력을 키웠다. 그는 인생 코치와 개인 트레이닝을 겸하는 프로그램을 만들었고, 회원들은 거기서 큰 도움을 받는다. 서비스업계에 오래 종사한 사람이 받는 비용은 수년 간 다듬어진 전문적 기술에 대한 대가다.

마이크는 며칠 후 문의 전화를 받았고 새로운 요금을 제시했다. 회원은 별 신경도 쓰지 않았다. 예전에 마이크는 인상된 요금을 제시하면 사람들이 뭐라고 말할지 넘겨짚었고 그 생각에 오랫동안 얽매여 있었다. 하지만 일단 사실들을 살펴보기 시작하자 더 높은 요금이 지극히 정당하다는 사실을 쉽게 깨달을 수 있었다.

어떤 유형이든 서비스업 종사자들은 요금에 대한 이야기가 불편하다고들 말한다. 이것은 자신의 가치를 믿지 못하는 자신감 부족에서 비롯될 수도 있지만, 궁극적으로는 거절에 대한 두려움 때문일 때가 많다.

넘겨짚기	사실 조사
• 다른 사람들이 어떻게 생각할지, 어떻게 행동할지 추측하기 • 상황이 어떻게 펼쳐질지 예측하기 • 일어날 수 있는 최악의 상황을 상상하기 • 사실이 아니라 자신이 만들어낸 이야기를 바탕으로 의견 세우기	• 논리적 근거 모으기 • 다른 사람들의 생각을 넘겨짚지 않고 직접 물어보기 • 전문가에게 물어보기 • 이야기가 아니라 정보를 바탕으로 예측하기

✛ 넘겨짚기란 무엇인가?

넘겨짚기는 근본적으로 두려움에서 나오는 행동으로, 정보 없이 추측하는 것을 말한다. 이런 식으로 앞날을 예측하거나 가정할 때, 그 바탕에는 '이야기'가 있다. 이 추측은 맞을 때도 있고 전혀 맞지 않을 때도 있다. 넘겨짚기의 예는 다음과 같다.

- 다른 사람들이 어떻게 생각할지 추측하기
- 다른 사람들이 어떻게 느낄지 추측하기
- 다른 사람들이 어떻게 행동할지 추측하기
- 상황이 어떻게 펼쳐질지 예측하기
- 일어날 수 있는 최악의 상황을 상상하기
- 사실이 아니라 자신이 만들어낸 이야기를 바탕으로 의견을 세우기

넘겨짚을 때는 기대하는 결과를 마음에 품게 되므로 호기심이 개입할 여지가 없다. 하지만 대부분의 일들은 모든 변수를 고려할 수 없으므로 정확히 예측하기란 거의 불가능하다. 결정을 내릴 때 수정구슬에 물어보지 않듯, 넘겨짚기에 의존하는 결정은 위험할 수 있다.

반면에 반복적인 성공을 바탕으로 올바르게 추측할 수 있는 일도 많다. 예를 들어 누군가 물건을 떨어뜨린다고 해보자. 중력 때문에 물건이 바닥에 떨어질 것은 예측할 수 있다. 하지만 애초에 누군가가 물건을 떨어뜨린다는 것은 예측할 수 있는 일이 아니다. 물론 어느 정도 미래를 예측할 필요가 있는 경우도 있다. 하지만 이런 것은 넘겨짚기가 아니라 근거 있는 예측이다. 이를테면 횡단보도에서 신호등이 빨간불로 변하면 차가 지나가므로 길을 건너려면 다시 초록불이 켜질 때까지 기다려야 하리라는 건 예측이다. 보다시피 근거 있는 예측은 비합리적인 두려움이 아니라 실제 사실을 바탕으로 하기 때문에 안전에 도움이 된다.

"넘겨짚는 가장 큰 이유는 두려움 때문이다"

넘겨짚기는 얼굴 붉힐 일이나 실망, 불안 등을 피하는 수단일 수 있다. 하지만 넘겨짚기는 두려움과 회피에 그 뿌리가 있다. 우리는 누군가에게 묻지도 않고 그가 어떤 주제에 관심이 없으리라고 예측하기도 한다. 스스로 많은 사실을 바탕으로 가정을 내린다고 생각하지만 실제로는 충분히 알지 못할 때가 많다. 확인해 보면 우리 머릿속에 있는 사실들은 순전히 허구다.

인간관계에서 넘겨짚기

사람들과 관계를 맺다 보면 그들이 불편하게 여기는 행동이나 상황을 알게 된다. 그리고 우리가 원하는 결과를 얻기 위해 그것들을 다루는 가장 좋은 방법들도 터득하게 된다. 이것은 정말 중요한 인생 기술이다. 타인과 친밀한 사이가 되는 과정이기 때문이다. 이것은 넘겨짚기와 매우 다르다. 누군가를 잘 알아서 그에 맞게 정보를 전달하는 것은 넘겨짚기가 아니다.

넘겨짚기는 상대가 어떻게 반응하고, 행동하고, 생각하고, 말할지 정확히 예측할 수 있다고 믿고 어떤 주제를 회피하는 것을 말한다. 궁극적으로 우리는 다른 사람의 감정에 책임이 없다. 하지만 그들이 메시지를 긍정적으로 받아들일 가능성이 높은 의사전달 방식을 찾아낼 수는 있다.

✛ 넘겨짚기 대신 사용할 수 있는 긍정적 포스는 무엇일까?

자신이 반복적으로 넘겨짚기를 한다는 것을 깨달았다면 언제든 넘겨짚기 대신 사실 조사라는 긍정적 포스를 이용하기로 선택할 수 있다. 우리는 머릿속에서 만든 이야기가 아니라 사실 안에서 살아감으로써 자신의 결정에 근거가 있음을 확신할 수 있다. 그뿐만 아니라 사실 조사를 하면 두려워하지 않고 최고의 자아에서 출발하는 가장 이로운 결정을 내릴 가능성이 높다.

당신이 어떤 사람이나 사물에 대해 넘겨짚으려고 한다면, 그 사람이나 사물이 나와 무슨 관계인지 자문해볼 수 있다. 예컨대 누군가 당신을 싫어한다고 넘겨짚고 있는가? 그럴 수 있다. 하지만 더 중요한 질문은 당신의 기분이 어떤가 하는 점이다. 나는 살면서 어떤 이유로든 나를 좋아하지 않는 사람들이 있다는 것을 배웠다. 그리고 그들은 나만 싫어하는 것도 아니다. 이것은 내가 전혀 통제할 수 없는 일이고, 그러고 싶지도 않다. 따라서 이 상황에서 '사실'은 누군가 나를 싫어하더라도 내가 아무렇지 않을 수 있다는 것이다. 그들이 나에게 그렇게 반응하는 이유는 그들 부모의 양육 방식과 관련 있을 수도 있고 어떤 경험과 관련 있을 수도 있다. 요컨대 나와는 아무 상관없는 일이다.

믿을 만한 증거나 근거 없이 어떤 상황이 어떻게 펼쳐질지 예측하려 할 때, 우리는 무의미한 스트레스를 받고 기회를 놓치고 만다. 그리고 스스로 두려움에 빠져 결정을 내리지 못하고 망설이기도 한다. 하지만 그 한가운데에 있을 때는 무슨 일이 일어나고 있는지 알아차리기가 정말 어려울 수 있다. 당신이 넘겨짚어 생각하는지 쉽게 알아차리고 재빨리 사실에 집중하기로 선택할 수 있도록, 넘겨짚기의 희생자가 되는 경우를 몇 가지 소개해 보겠다.

넘겨짚기는 중요한 시험이나 과제, 행사 등을 앞두고 일어날 수 있다. 전에도 비슷한 일로 고생한 적이 있으니 이번에도 힘들 것이라고 가정하는 것이다. 이럴 때는 얼마나 많은 시간, 노력, 에너지를 쏟아 준비했는지에 상관없이 실패할 것 같다는 느낌이 계속 든다.

넘겨짚기는 이럴 때 특히 위험하다. '자기 충족적 예언(self-fulfiling prophecy, 자신의 믿음에 따라 행동을 맞춰감으로써 그 믿음이 실현되는 현상-옮긴이)'이 발생할 위험이 있기 때문이다. 즉 실패한다고 계속 되뇐다면 뇌에게 그렇게 하라고 명령하는 셈이다. 곧 기가 막히게 실패할 수 있다. 뇌는 시키는 대로 하기 때문에, 실패하는 방향으로 뇌를 조정하면 바로 그 일이 일어난다. 자신의 실패를 '알면' 무언가를 준비하고, 공부하고, 연습하고, 노력하려는 동기가 생기지 않는다. 그러니 실패한다고 넘겨짚어 생각하는 것은 스스로 발목을 잡는 행동이다. 그뿐만 아니라 적극적으로 실패를 예견할 때는 아주 불쾌한 기분이 든다. 따라서 최고의 자아로서 결정을 내리지 못한다. 반면에 사실을 근거로 삼을 때는 예전에 성공했던 경험과 현재의 준비 상태가 보인다. 전에 힘들었던 일도 생각나겠지만, 이번에는 상황을 바꿀 힘이 자신에게 있다는 사실과 상황에 영향을 미치는 다른 사실들을 인정할 수 있다.

넘겨짚기의 희생자가 되는 또 다른 경우는 누군가 자신에게 부정적으로 반응하거나 평가한다고 결론을 내릴 때다. 우리는 확실한 근거 없이 남들이 우리를 나쁘게 보거나 속으로 비난한다고 믿을 때가 있다. 정작 그 사람은 자신에게 신경 쓰느라 우리에 대해 아무 생각이 없을 가능성이 높은데도(변비라도 걸렸는지 누가 알겠는가!), 이런 생각은 강력한 포스로 작용하여 사람들이 자신을 미워한다는 완결된 이야기를 만들어내기도 한다. 넘겨짚기가 부정적 사고로 흘러가 잘못된 결론으로 이어지는 일은 아주 흔하다. 나는 사람들이 가혹한 평가를 받거나 심지어 괴롭힘을 당해서 이렇게 되는 경우를 많이 본다. 집단 괴롭힘은 영혼에 깊은 상처를 남기고, 피해자는 다시 괴롭힘을 당하지 않으려고 본능적으로 자신을 방어한다. 충분히 이해할 수 있는 일이다. 하지만 과거의 경험이 현재를 지배하도록 놔둔다면 가해자에게 힘을 내주는 꼴밖에 안 된다. 지금의 상황과 상관없는 경험을 바탕으로 결정을 내리거나 아예 결정하지 못하는 것은 인생에 도움이 되지 않는다. 그보다는 현재와 사실을 기반으로 할 수 있는 모든 일을 해봐야 한다.

사실 마음을 읽을 수 있는 사람은 없다. 남들에게 듣지 않고서는 그들이 무슨 생각을 하는지 알 수 없다. 따라서 어떤 사람의 생각을 안다고 느낄 때는 그들에게 꼭 물어봐야 한다. 그런데 여기서 덧붙이고 싶은 말이 하나 있다. 남의 눈을 너무 신경 쓰고 그에 휘둘려 결정을 내리는 것은 정작 자신에게 중요한 일들이 한참 뒤로 밀렸다는 신호일 수 있다. 타인의 시선에 스트레스를 받는다면 최고의 자아와 관련 있는 사실들에 집중하는 것이 최선의 해결책이다. 우리는 언제든 다른 사람들의 의견이 아닌 최고의 자아를 바탕으로 결정을 내릴 수 있다.

↓ 보물찾기처럼 사실 찾기

나는 친구와 이야기를 나누다가, 그녀가 어떻게 넘겨짚는 습관에 자주 빠지는지 알게 되었다. 그 친구는 넘겨짚기를 한 후에 뒤늦게 사실들을 모아 살펴보고선 자신이 샛길로 너무 멀리 왔다는 데 깜짝 놀란다고 말했다. 그녀는 자신이 넘겨짚기를 해왔다는 사실을 재빨리 알아챘고 그 습관을 완전히 뒤집을 생각에 매우 신이 나 있었다.

이 친구에게는 다섯 살 난 아들이 있었다. 어느 날 저녁식사 시간에 아이가 말했다.

"엄마, 물어볼 게 있어요. 그런데 엄마는 분명히 안 된다고 할 거예요."

바로 이거다. 그녀는 이것이 어떤 상황인지 바로 알아차렸다. 넘겨짚는 습관은 이렇게 어린 나이에도 시작되는 것이다.

그녀는 자기가 아는 것들을 떠올리며 말했다.

"네가 물어보기 전에 엄마가 먼저 물어볼게. 너 넘겨짚기가 뭔지 아니?"

아이는 고개를 저었다.

"넘겨짚기라는 건 물어보기 전에 상대방이 뭐라고 말할지 정확히 안다고 생각하는 거야. 어디서 들어본 것 같지 않니?"

아이는 웃으며 말했다.

"네! 그렇지만 전 정말 알아요!"

"좋아, 뭘 물어보고 싶은데?"

"우리 내일 수영하러 갈 수 있어요?"

아이는 엄마가 절대로 안 된다고 할 것을 확실히 안다는 듯, 주눅든 채 물었다.

"왜 엄마가 못하게 할 거라고 생각해?"

"엄마는 늘 안 된다고 하니까요."

"엄마가 늘 안 된다고 했다면, 지금까지 수영을 한 번이라도 하러 갈 수 있었을까?"

아이는 잠시 생각하더니 말했다.

"글쎄요, 늘 안 된다고 하지는 않아요. 하지만 이번에는 안 된다고 할 거예요."

"엄마가 대답하기 전에 게임 하나 할까? 너 땅에 떨어진 동전 찾기랑 보물찾기 좋아하지?"

아이는 열정적으로 고개를 끄덕였다. 보물찾기는 아이가 수영만큼이나 좋아하는 놀이였다.

"좋아, 지금부터 찾아야 할 보물을 '사실'이라고 부르자. 이건 사실 찾기 놀이야, 어때?"

아이는 의아한 얼굴이었지만 함께 놀고 싶은 마음에 대답했다.

"좋아요."

"우리가 수영하러 가는 날은 어떤 날이지?"

아이는 잠시 생각하더니 눈을 빛내며 말했다.

"따뜻한 날이요!"

"맞아! 우리는 따뜻한 날에 수영하러 가지. 수영하러 가는 날에 대한 또 다른 사실은 뭐가 있을까?"

"맑은 날! 비가 안 오는 날이요!"

그녀는 미소를 지으며 대답했다.

"바로 그거야! 우리는 따뜻하고 맑은 날에 수영하러 가지. 내일이 따뜻하고 맑은 날일지 어떻게 알 수 있을까?"

아이는 엄마의 휴대전화를 가리키며 말했다.

"날씨를 확인해보면 돼요!"

"좋은 생각이네! 날씨 앱에서 사실을 찾을 수 있겠다. 어디 보자. 내일은 꽤 따뜻하고 맑은 날이 될 것 같아. 자, 이제 다시 물어볼래?"

아이는 조금 더 희망에 찬 얼굴로 물었다.

"내일 수영하러 갈 수 있어요?"

"그래!"

아이는 박수를 치며 앉은 채로 실룩실룩 춤을 췄다.

그녀의 말에 따르면, 아이는 이 대화 이후 자기가 엄마의 말을 넘겨짚으려 할 때마다 멈추고 엄마와 함께 사실 찾기 놀이를 하고 있다고 한다. 과거의 경험이나 근거 없는 예측 대신 사실을 앞세우는 법을 처음으로 배우기에는 더없이 좋은 방식이 아닌가 싶다.

↯ 당신의 결정에 작용하는 긍정적 포스와 부정적 포스

누구나 어떤 일이 뜻대로 되지 않을까 두려워 아예 하지 않을 때가 있다. 방금 소개한 사례는 부모의 반응을 예측하고 지레 겁먹은 경우였다. 급여 인상을 요청하려 할 때 그러는 사람도 있고 거절이 두려워 인간관계를 회피하는 사람도 있다. 당신이 지금 개선하고자 하는 삶의 영역은 무엇인가? 당신도 그 영역에서 넘겨짚기를 하는지 알아보자.

연습하기

당신은 지금 삶에서 어떻게 넘겨짚기를 하고 있을까?

먼저 3장에서 가장 개선하고 싶다고 평가한 삶의 영역을 살펴보라. 아니면 바로 지금 시급히 다루어야겠다는 생각이 드는 부분이 있는가? 그 내용을 여기에 써보라.

_____

_____

_____

_____

_____

그리고 내가 코치했던 사례들을 적은 다음의 표를 읽어보라. 우리 삶에서 넘겨짚기가 어떻게 나타나는지 파악하는 데 도움이 될 것이다. 보다시피 오른쪽 칸에는 각 상황과 관련된 사실들을 적었다. 양쪽을 나란히 놓고 읽어보면 두 사고방식의 극명한 차이가 느껴질 것이다.

넘겨짚기	사실 조사
내 기술로 할 수 있는 일이 없어.	경제 상황과 상관없이 날마다 수백 수천 개의 빈 일자리가 생겨.
경제는 절대 회복되지 않을 거야.	경제는 전에도 회복된 적이 있어.
나는 나이가 너무 많아. 아무도 나를 고용하지 않을 거야.	나와 비슷한 나이인 사람들은 예전부터 계속 고용되고 있어.
술을 끊으면 즐겁게 지낼 수 없을 거야.	금주한 후에 더 재미있게 지낸다는 사람들이 많아.
난 결코 사랑을 못할 거야.	사람들은 나이나 인생의 단계와 상관없이 늘 사랑에 빠져.
내 시간을 아주 많이 희생하지 않고서는 더 건강해질 수 없어.	해보지 않으면 몰라. 그리고 실제로는 시간이 전혀 들지 않는 건강한 습관들이 많이 있어.

이제는 당신이 정말 원하는 것을 가질 수 없다고 말하면서 어떤 핑계를 대는지 생각해보라. 그 이유들을 '나의 넘겨짚기' 칸에, 그리고 사실들을 '나의 사실 조사' 칸에 써보라.

나의 넘겨짚기	나의 사실 조사

당신이 발견한 사실들을 바탕으로 내릴 수 있는 결정은 무엇일
까? 이 연습은 당신에게 무엇이 진실인지 명확하게 인지하는 데
도움이 된다. 우리는 두려움에 떠밀려서가 아니라 사실을 바탕
으로 결정하고자 한다. 그렇다면 당신은 사실을 바탕으로 어떤
결정을 내릴 수 있는가? 당신은 상황을 있는 그대로 마음 편하
게 받아들이는가? 답을 여기에 써보라.

마지막으로, 우리가 넘겨짚기를 하는 공통적인 이유에 대해 생
각해보자. 당신이 넘겨짚기를 하는 이유는 두려움인가? 그렇다

면 그것에 대해 설명해보라.

회피하고 싶어서인가? 그렇다면 그것에 대해 설명해보라.

집중하기 힘들어서인가? 그렇다면 그것에 대해 설명해보라.

↓ 브래드와 함께한 사실 조사

최근에 나는 브래드에게 인생 코칭을 해주었다. 한 직장에서 일한 지 꽤 되었던 브래드는 언제든 이직할 준비가 된 상태였다. 하지만 그는 꼼짝도 못하고 있었다. 분명 퇴사를 원했고 그 이유도 모두 그럴듯했지만, 사장이 자기에게 '엿을 먹일 것'이라고 확신해서 이러지도 저러지도 못했다. 브래드는 사장 패거리가 자기 앞날을 망쳐놓을 때를 대비하느라 끙끙거렸고 공포에 질려 갈팡질팡 어쩔 줄 몰라 했다. 그는 이렇게 말했다.

"그 인간들은 나를 매장할 거예요. 난 알아요."

사실 브래드가 나에게 도움을 요청한 주된 이유는 회사 측에서 취할 불리한 조치에 대처할 계획을 짜도록 도와달라는 것이었다. 그는 일어날 가능성이 거의 없는 일에 대비하고 있었다.

나는 회사 측에서 퇴사 통보에 악의적으로 반응하고 다른 직장에 자리잡을 기회를 망치리라고 예측하는 증거가 있느냐고 물었다. 사실 딱히 근거는 없었다. 그나마 브래드가 들은 정보는 퇴사한 다른 직원에게 회사에서 추천장을 써주지 않았다는 소문뿐이었다. 하지만 자세히 알아보니 그 직원은 브래드와 완전히 다른 상황이어서 비교할 일이 아니었다. 그 직원은 아주 잠깐 일했고 이력서에도 허위 사실을 기재했으며 불미스러운 일로 인사부에 여러 번 제보가 들어온 사람이었다. 따라서 브래드가 사용한 '증거'는 타당하지 않은 것이었다.

이처럼 브래드는 자신의 퇴사 통보에 대한 고용주의 반응을 넘겨짚어 생각했다. 하지만 나와 함께 사실을 보기 시작하자 그 넘겨짚기에 전혀 근거가 없다는 사실이 금방 명백해졌다. 브래드의 예측은 사실이 아니라 두려움에서 나온 것이었다.

함께 상황을 분석한 후 브래드는 두 가지를 깨달았다. 첫 번째는 넘겨짚기가 자신에게 도움이 되지 않는다는 점이었다. 그리고 그는 장애물(회사가 자신을 매장할 것이라는 생각)이라고 여겼던 것이 사실은 장애물이 아니라는 점도 깨달았다. 이후 브래드는 꽤 진정되었다. 넘겨짚기와 근거 없는 이야기 대신 이성과 논리에 따라 움직였기 때문이다. 그는 사직서를 제출하기로 결정했다. 일단 실행하고 나니 더 이상 가만히 앉아 나쁜 소식을 기다리거나 결과에 불안해하지 않게 되었다. 브래드는 결정을 내렸고, 넘겨짚어 생각하고 싶을 때마다 사실들을 떠올리며 충동을 잠재웠다. 그 결과 그는 자신의 결정에 평온한 기분을 느낄 수 있었다.

회사에서는 브래드가 이직할 새 회사에 훌륭한 추천장을 보냈고 퇴직금도 두둑하게 지급했다. 그 회사는 지금까지도 브래드와 함께 업무를 추진하면서 돈독한 관계를 유지하고 있다. 브래드가 마주하게 된 상황은 사실상 최고의 결과였다. 나에게 이야기를 털어놓던 시점에는 넘겨짚기의 악순환에서 허우적거리느라 상상조차 못했던 일이었다. 그때 브래드는 상황에 골몰하면서 스스로 만들어낸 이야기를 더 굳게 믿게 되었고 긍정적인 가능성은 전혀 보지 못하고 있었다. 사실들을 살핀 후에야 그런 의식 상태에서 빠져나와 논리적 추론을 시작할 수 있었다.

↓ 사실 지향적 의사결정하기

자, 앞으로는 최고의 자아가 더 나은 삶을 위한 결정을 내릴 수 있도록 사실에 굳건히 뿌리를 내리겠다고 결심하자. 우리는 현재에 머물기보다 과거의 일들을 곱씹으려는 마음이 더 클 수 있기 때문에 늘 정신 차리고 경계해야 한다. 넘겨짚어 생각할 때는 걱정이 많아지고 더 나은 삶으로 이어지지 않는 결정을 내리게 된다. 앞날을 예측할 수 있는 사람은 없다. 하지만 우리가 할 수 있는 일은 만들어낸 현실 대신 사실에 집중해서 최고의 자아가 결정을 내릴 수 있게 하는 것이다. 의심에 빠져 있다면 사실이 이끄는 길로 따라가라.

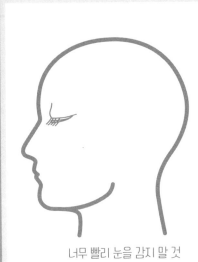

너무 빨리 눈을 감지 말 것

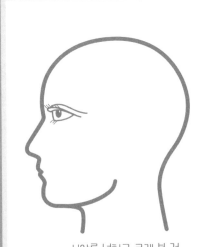

시야를 넓히고 크게 볼 것

지나친 일반화 vs. 객관적 사고

'지나친 일반화(overgeneralizing)'란 적절한 근거로 타당성을 입증할 수 있는 범위를 벗어나는 일반적인 진술이나 결론을 말한다. 이 포스는 삶과 장애물에 대한 생각, 나아가 자기 자신과 자기 능력에 대한 생각에도 영향을 미칠 수 있다. 이것은 최고의 자아에서 출발하는 사고방식이 아니다. 시야가 극도로 좁아져 최고의 자아로서 결정을 내릴 수 없게 한다.

이 장 앞부분에는 눈을 감은 사람과 눈을 뜬 사람의 그림이 있다. 눈을 감은 사람은 닫힌 사고방식을 의미한다. 말하자면 닫힌 사고방식은 큰 그림을 보지 않고 그냥 눈을 감아버리는 것과 같다. 이때 우리는 필요한 정보를 이미 다 가지고 있다고 믿는다. 반면에 눈을 뜨고 있을 때는 큰 그림을 보고 그 안에서 진정한 결정을 내린다.

　지나친 일반화 개념을 가장 쉽게 이해하려면 한 정당의 당원들이 반대 정당에 대해 말하는 방식을 떠올리면 된다. 이들이 서로에게 붙이는 수많은 꼬리표가 일종의 지나친 일반화이다. 뼛속까지 보수당인 사람은 이렇게 말할 것이다. "자유당 놈들은 전부 사회주의자야. 이 매국노들, 죄다 다른 나라로 이민 가라지." 물론 이 말이 진실일 리 없다. 이 의견은 특정한 자유당 정치인의 언행을 바탕으로 할 뿐 모든 자유당 당원에게 이런 꼬리표를 붙이기에는 부적절하다. 반대로 열성적인 민주당원은 공화당원에 대해 이렇게 말할지도 모른다. "공화당원 놈들은 환경에 대해서는 눈곱만큼도 신경 쓰지 않는 머저리에 동성애 혐오자라니까." 이것 역시 지나친 일반화이고 모든 공화당원에게 해당될 수 없는 이야기다.

　'객관적 사고(objective thinking)'는 지나친 일반화를 막을 수 있는 수단이다. 객관적으로 생각할 때는 일반화하지 않고 낡은 신념이나 대중적인 믿음에 의지하지 않으며, 상황에 잘못된 논리를 적용하지 않고 장애물을 있는 그대로 본다. 특히 객관적 사고는 자기 자신을 진실한 눈으로 보는 데 도움이 된다.

　부정적 포스에 영향을 가장 많이 받는 때는 새로운 것을 접할 때다. 예컨대 사람들은 새로운 일을 시작할 때 최고의 자아로서 사람들 앞에 나서고 싶고, 동료와 상사의 마음에 들고 싶고, 새로 맡은 일을 기막히게 잘 해내고 싶어 한다. 하지만 누군가 자기를 싫어하는 것 같거나 일을 망치는 등 난관에 부딪히는 순간 스스로 별 볼 일 없는 사람이라거나 일이 자기와 맞지 않는다고 생각하기 시작한다. 이것이 지나친 일반화라는 포스가 작용하는 방식이다. 즉, 하나의 사건을 겪고 전체 경험이나 자기 자신을 비난하는 것이다. 하지만 몇 번의 사건만으로 매번 그 일을 부정적으로 판단한다면 어떤 자리에서도 며칠 못 버틸 것이다.

나는 특히 부모들이 자기 자신과 육아 능력을 지나치게 일반화하는 경향이 높다는 사실을 발견했다. 얼마 전, 내 동료인 켈리는 이런 일로 마음고생을 했다고 털어놓았다.

"난 육아서를 읽으며 늘 공부하는데, 최근에 가장 크게 배운 점은 아이에게 소리를 지르면 안 된다는 거였어요. 관련된 연구 자료도 읽어봤어요. 소리지르는 게 그렇게 안 좋다죠. 그러다 보니 내가 너무 스트레스를 받아요. 어깨에 무거운 짐이 얹힌 것 같아요. 가끔은 짓눌려 찌그러져버릴 것 같을 정도예요. 하지만 아무것도 아닌 일로 폭발하고 고래고래 소리지르는 엄마가 되기는 정말 싫거든요. 그런데도 하루 종일 일하거나 긴장했던 날은 아이가 이를 안 닦겠다고 떼쓰거나 끝없이 징징거리면 숨이 턱 막히면서 화가 머리끝까지 나고 소리지르면서 명령하게 돼요. 미친 듯이 화가 나고, 진정해야 한다는 걸 알면서도 한 번 화가 나면 멈추기가 너무 힘들어요."

그녀가 말을 잇기 전에 내가 물었다.

"소리를 어떤 식으로 지르나요?"

켈리는 깊은 한숨을 쉬고 말했다.

"정말 해도 되겠어요?"

내가 고개를 끄덕이자 그녀는 이렇게 말했다.

"이런 식이죠."

켈리는 눈을 감고 크게 숨을 들이쉬더니 눈을 뜨고 험악한 표정이 되어 소리쳤다.

"매튜 스티븐 존스, 너 엄마가 좋은 말로 할 때 당장 그만두고 내 말 들어! 아니면 일주일 동안 TV 금지야!"

나는 눈을 동그랗게 뜨고 웃으며 말했다.

"와, 강렬한데요?"

켈리는 머리를 절레절레 흔들었다.

"이건 아무것도 아니에요. 당신은 상상도 못할걸요. 나 스스로도 너무 부끄러워요. 화산이 폭발하듯이 진이 빠질 정도로 분노와 좌절을 쏟아내는 거예요. 끔찍할 정도예요."

"그럼 당신은 나중에 이런 일들을 돌아볼 때, 어떤 기분이 드나요?"

"그게 문제예요. 한동안 나 자신을 아주 가혹하게 채찍질했어요. 내가 형편없는 엄마라는 생각이 들기 시작했죠. 세상 최악의 엄마가 된 기분이랄까요. 하지만 깨달았어요. 나 스스로 최악의 엄마라고 되뇔수록 아이에게 더 소리를 지르게 되더라고요. 악순환이었어요. 그래서 이런 일이 얼마나 자주 일어나는지, 그리고 아이와 다정하게 대화하는 일은 얼마나 자주 있는지 비교해봤어요. 한발 떨어져서 객관적으로 상황을 보니 내가 주로 '좋은' 엄마였다는 사실이 보이더라고요. 평소 나는 아이에게 다정한 모습을 보이고, 차분하고, 힘이 돼주고, 잘 돌봐주는 엄마예요. 우리는 사이가 아주 좋아요. 내가 나 자신을 몰아붙이는 편이기는 해요. 하지만 나 스스로 나쁜 엄마라는 딱지를 붙이지 않으니 아이가 이성을 잃고 상황이 엉망이 되더라도 금방 냉정을 되찾을 수 있게 됐어요. 폭발하는 대신 차분함을 유지하면서 아이와 함께 문제를 해결해나갔죠."

나는 고개를 끄덕이며 덧붙였다.

"가끔 소리지른 일을 일반화하는 바람에 엄마로서의 당신에 대한 생각이 그 영향을 받았군요. 그리고 그걸 극복하려고 객관적으로 생각하면서 엄마인 당신을 더 정확히 파악하게 됐네요. 그렇죠?"

켈리는 미소를 지으며 대답했다.

"네! 나에겐 그 방법이 효과가 있었어요. 내가 최선을 다하고 있다는 걸 나도 알아요. 그리고 그건 최대한 객관적인 태도를 유지하는 데 도움이 돼요. 어렵긴 하지만 확실히 도움이 되죠."

켈리는 지나치게 일반화하는 습관을 버리는 길이 객관적 사고에 있다는 사실을 스스로 깨달았다. 그리고 객관적 사고를 통해 진정한 자신을 되찾을 수 있었다. 그녀는 최고의 자아라면 자신에게 결코 나쁜 엄마라는 딱지를 붙이지 않는다는 걸 알아차렸다. 세상을 객관적으로 볼 때, 우리는 어느 한순간이나 사건에만 집중하는 대신 상황을 전체적으로 볼 수 있다. 하나의 큰 그림 안에서 모든 부분을 살펴보면 상황을 훨씬 더 정확하게 판단할 수 있다.

⤋ 지나친 일반화의 악순환

이번에는 내 동료 에바와 함께한 코칭 과정을 소개하려 한다. 에바의 사례는 긍정적 포스를 이용하여 사람이 얼마나 금방 변할 수 있는지 보여준다. 에바가 우리 집에 도착했을 때 나는 그 모습에 깜짝 놀랐다. 에바의 눈빛에는 슬픔이 가득했다. 무언가를 꾹 참는 것처럼 보였고 마치 짓눌리듯 무거운 분위기였다. 나는 에바와 오랫동안 알던 사이라 그녀가 평소답지 않다는 것을 알았다. 그녀의 인생에 관해 이야기를 나누는 자리는 이것이 처음이었다. 우리는 대화를 시작했다.

"알겠지만 내 인생에서 제일 중요한 일은 늘 다른 사람들을 돕는 거였어요. 정신 건강을 위한 쉼터의 공동 설립자로서 이곳에 집중적으로 관심을 쏟아왔고요."

에바가 아주 열심히 일하는 것은 나도 알고, 쉼터의 다른 사람들 역시 그녀가 사랑 넘치는 사람이라는 것을 안다. 나는 매우 공감하며 고개를 끄덕였다.

"그래요. 당신은 거기서 정말 놀라운 일들을 해냈어요. 자녀가 몇 명 있는 걸로 아는데, 맞죠?"

아이들 생각에 얼굴이 밝아진 그녀가 대답했다.

"나 혼자서 네 명을 키웠어요. 서른한 살, 서른 살 된 아들이 있고 스물일곱 살인 딸과 열두 살인 아들이 있어요."

"그렇군요. 그런데 지금 약물을 끊은 상태죠? 얼마나 됐나요?"

"19년 됐어요. 메트암페타민(필로폰)과 알코올 중독이었고 마리화나도 피웠어요. 정말이지 정신이 혼미해질 수 있는 건 뭐든 다 했으니까요."

"그래요. 참, 아이들 아빠가 모두 다르다고 말한 적이 있죠?"

그 순간 에바는 시선을 아래로 떨어뜨리고 잠시 머뭇거리며 마음을 가다듬는 듯하더니 이내 말했다.

"네, 맞아요. 그게 바로 내 사연이에요. 네 아이 모두 아빠가 달라요. 내가 태어났을 때 엄마가 폐결핵 환자여서 나도 감염됐어요. 그래서 나는 신생아 시절부터 첫돌까지 병원에 있었죠. 그 땐 그랬어요. 나중에야 치료법이 개발됐죠. 오래 입원해야 하는 병이었어요. 서른 살이 돼서야 알았는데, 나는 태어나자마자 엄마와 떨어져 지냈기 때문에 애착이 형성되지 않았어요. 내 인생은 살균된 병실에서 시작됐고 사람과의 상호작용이 부족했어요. 나는 애착 장애라는 것을 겪었죠."

전에 들은 이야기라고 말할 수도 있었지만, 이것은 그녀의 인생에서 중요한 부분이었고 다시 꺼내기 힘든 이야기였다. 에바는 이야기를 이어갔다.

"어른이 돼서는 나도 모르게 친밀감이 결여된 관계를 선택했어요. 사실 아이 아빠 중 한 명은 조현병 환자였고, 또 한 사람은 엄청나게 폭력적이어서 실제로 나를 죽일 뻔했기 때문에 추방당하기도 했어요. 그리고 또 한 사람은……"

에바의 말이 느려졌다. 그녀는 숨을 고른 다음 이어서 말했다.

"그 사람은 미국에서 제일 큰 아동 포르노그래피 업체를 운영하고 있었더라고요. 난 그 사람을 믿고 매일같이 아이들을 맡겼고요. 이게 인생에서 가장 후회하는 일 중 하나예요. 그 사람이 내 아들 중 한 명을 성적으로 학대했다는 걸 나중에 알게 됐어요. 그 사람은 체포돼 지금 교도소에 있어요. 정말 끔찍한 일이었죠. 뉴스에 계속 나오고 그랬어요."

나는 대화의 방향을 약간 바꾸었다.

"아이들이 태어나기 시작할 무렵에는 꽤 젊었겠네요. 그때 몇 살이었나요?"

"스무 살에 첫째를 낳았고 둘째를 낳은 건 스물한 살 때였어요."

"그때는 약을 끊은 상태였나요?"

"말하자면…… 난 거의 내 정신이 아니었어요. 왜, 그런 거 있죠? 그냥 약물 중독이 아니라 관계 중독에 가까웠어요. 날 사랑해주고 관심을 줄 사람을 찾는 데 중독돼 있었던 거죠. 난 멕시코 가정에서 자랐기 때문에 그게 당연하고, 그래야만 한다고 생각했어요."

"열두 살인 막내아이의 아버지는 어땠나요?"

"그 사람을 만난 건 중독에서 벗어난 후였어요. 하지만 약물 중독에서만 회복된 상태에서 관계가 시작된 거예요. 다른 문제들은 다 그대로였거든요. 어쨌든 나는 그 사람과 결혼했어요. 그 사람은 약물 중독은 아니고 섹스 중독이었지만 나중에는 약물에도 중독됐어요. 모든 게 착각이었어요. 우리에겐 집도 있고 모든 게 다 있다고 생각했어요. 나는 임신을 했고, 그다음엔 그 사람의 온갖 불륜 관계, 성적인 관계들을 알게 됐어요. 나는 그 사람과의 관계를 끝내고 치료를 시작했어요. 얼마나 다행인지 몰라요. 난 실제로 나에게 도움이 되는 사람들을 만나기 시작했죠. 내면아이 치료를 비롯해서 많은 치료를 받았고, 과거를 평화롭게 받아들였어요. 특히 출생 직후의 트라우마를요. 결국 내가 내렸던 모든 결정이 이해가 가더군요."

에바는 치료 과정에 대해 이야기하는 것만으로도 힘을 얻은 듯했다. 불안한 기색이 옅어지고 호흡도 더 안정되었다.

"이런 이야기를 들려줘서 고마워요. 당신 머릿속에 계속 맴도는 생각이 있다면 어떤 것일까요?"

"계속 맴도는 생각은 이런 거예요. 난 외톨이가 될 거야, 가난해질 거야, 내가 꿈꿨던 모든 것을 가지지 못한 걸 후회할 거야."

"이런 생각을 얼마나 오래했나요?"

"그런 생각이 들 때도 있고 아닐 때도 있지만 아마 평생 그랬을 거예요."

"어린아이였을 때도요?"

"네, 가끔 무서워지곤 했어요. 고주망태가 된 아빠를 보면 혼자가 될까 봐 너무 무섭고 안전하지 못하다고 느꼈어요. 무슨 말인지 알겠어요?"

"네. 그 생각을 당신의 부기맨이라고 할게요. 우리는 존재하지 않는 부기맨을 진짜라고 믿도록 훈련받아왔기 때문에 어른이 돼서도 그래요. 침대 밑 괴물이 진짜인 것 같아서 괴물의 흔적을 찾아보는 거예요. 이런 사건들은 어느 순간 자극제가 될 수 있어요. 당신의 부기맨은 외톨이가 되고, 가난해지고, 후회할 거라는 생각이죠."

에바는 조용히 눈물을 흘리며 말했다.

"그렇군요."

"우리 이렇게 해보죠. 내가 포스라고 부르는 요소가 있어요. 이건 결정에 영향을 미치는 요소예요. 포스는 우리가 상황을 인지하는 방식이나 습관이에요. 우리는 이런저런 이유로 이런 방식이나 습관에 빠지기 쉬워요. 포스 중에 지나친 일반화라는 것이 있는데, 내 생각에는 당신이 이 지나친 일반화를 해왔던 것 같아요."

에바는 고개를 끄덕이고 자세를 약간 고쳐 앉았다. 나는 미소를 지으며 물었다.

"우리가 뭘 할지 벌써 알겠어요?"

"네, 그런 것 같아요."

"좋아요. 당신이 결국 외톨이가 될 거라는 믿음이나 공포에 대해 이야기해보죠. 이 믿음과 공포가 어디서 왔다고 생각해요?"

에바는 기다렸다는 듯이 대답했다.

"난 더 이상 최악일 수 없는 관계를 네 번이나 겪었어요. 그러고도 멀쩡히 살고 있다니 솔직히 운이 좋았죠."

"그럼 지나친 일반화에 대해 생각해봅시다. 특정한 사건을 바탕으로 자신을 판단하는 것도 지나친 일반화예요. 지금도 인간관계에 대해 지나친 일반화를 하고 있다고 생각하지 않나요?"

"글쎄요. 지금은 어떤 관계를 맺는 것 자체가 정말 무서워요."

"누구를 만나고 싶긴 한가요?"

"그럴 때도 있고, 아닐 때도 있어요. 남자를 고를 수가 없어요. 난 남자 보는 눈이 꽝이잖아요."

"남자를 더 잘 고를 수 있다는 생각을 받아들일 수는 있어요?"

"네."

"중독에서 벗어난 후 선택한 남자가 그 전에 만났던 사람들보다 나았나요?"

"네. 조금은요."

"하지만 연애를 하려고 하면 '예전에도 망했으니 분명 이번에도 망할 거야'라는 생각이 드나요?"

"맞아요. 내가 종종 하는 말이에요. 누가 데이트 앱을 써보라고 하면 이렇게 말하거든요. '그래봐야 연쇄살인범이나 만나겠지'라고요."

에바는 웃음을 터뜨렸지만, 마냥 농담으로는 들리지 않았다.

"외톨이가 되는 걸 장애물로 보고 당신이 고르는 모든 남자는 최악일 거라고 지나치게 일반화하는군요. 중간이 없네요. 너무 이분법적으로 생각하는 것 같아요. 맞아요?"

에바는 눈물을 삼켰다.

"네."

"그럼 이번에는 기회를 발견해봅시다. 이 상황에서 기회로 볼 수 있는 사실들은 뭐가 있을까요?"

"예전에도 남자와 사귀어봤고, 중독에서 회복되려는 노력도 했고, 나 자신과 관계를 맺으며 혼자 오랫동안 지내기도 했고, 사업도 시작했고, 사업이 성공하는 데 기여하기도 했어요. 하지만 그 부분에서는……."

에바는 소리 내서 웃었다.

"혼자가 되는 것 말인가요?"

내가 묻자 그녀는 고개를 끄덕였다. 나는 다시 물었다.

"혼자가 아니라는 생각을 받아들이려면 어떻게 해야 할까요?"

그녀는 잠시 생각한 후 대답했다.

"남자를 만나보면 되겠죠?"

"그래요. 남자를 만나볼 수 있어요. 남자를 만나는 것에 대해 전과 다르게 생각할 수 있어요."

에바는 내 말을 듣자마자 말했다.

"하지만 제대로 된 사람을 못 찾으면 어떡하죠?"

"난 사귀는 사람이 없어요. 사람들은 나를 보면서 이렇게 생각할 수도 있어요. 저 사람은 왜 혼자지? 왜 10년 동안 아무도 사귀지 않았지? 왜 한 사람에게 정착하지 않은 거야? 하지만 난 나쁜 경험도 우리를 더 강하고 나은 인간으로 만들어준다고 굳게 믿어요. 사실 우리는 통제할 수 없어요. 사람들이 우리를 원하게 하거나 우리가 다른 사람들을 원하게 하는 것을 마음대로 할 수 없어요."

나는 잠시 멈췄다가 이어서 말했다.

"당신이 머릿속에서 중얼거리는 이야기가 문제예요. 나는 실패한 인간이라든가, 사람 보는 눈이 없다든가, 내 판단을 믿을 수 없어서 겁이 난다든가 하는 것들 말이에요. 그렇죠?"

에바는 이제 흐느껴 울기 시작했다.

"네, 맞아요."

"그건 이야기일 뿐이에요. 실제 관계가 어떻든 상관없이, 이런 이야기 때문에 당신은 관계를 장애물이나 나쁜 것으로 생각하고 당신이 부족한 사람이라든가 잘 해내지 못할 거라고 생각하게 되는 거예요. 혼자가 되는 게 무섭다지만 지금도 혼자서 잘 지내잖아요?"

이제 그녀는 웃고 있었다.

"네, 바빠서 그런 생각을 안 해요."

"아까 꿈이라고 했죠? 당신의 꿈은 뭔가요? 이제 당신은 건강하고 창의적이고 예술적인 네 아이가 있잖아요."

"난 아이들과 함께 있는 게 정말 좋아요. 그 애들은 재능이 넘쳐요. 아이들의 모습을 지켜보는 게 즐거워요. 아이들이 성공하는 모습을 보는 게 좋고, 우리가 이 모든 일을 헤쳐 나왔다는 게 좋아요. 우리 같은 일들을 겪고 멀쩡히 살 수 있는 사람은 많지 않을 테니까요."

"당신은 바로 그런 사람이에요. 그런 일을 겪어내고, 무언가를 배웠고, 현명해졌죠. 그럼 아까 잠깐 언급했던, 후회할 것 같다는 이야기는 뭔가요?"

"아마도 나 자신에 대한 후회겠죠. 혼자가 되면, 나중에 혼자가 될 게 뻔하면 후회할 것 같아요. 혼자 쓸쓸히 사는 할머니가 되고 싶지 않아요. 두려움으로 가득한 생각이죠. 그런 얘기예요."

"하지만 당신은 지금까지 난관을 헤쳐 나올 능력이 있었잖아요. 네 명의 아이 아빠, 지독히도 복잡한 상황들을 극복하고 완전히 다른 상황으로 왔고, 사업도 잘되고 있죠. 그럼 당신은 스스로 모든 일을 해낼 능력이 있는 거예요."

"좋은 사람을 찾아낼 능력이 있는지는 모르겠어요."

"그것도 지나친 일반화예요. 예전에 나쁜 관계를 경험했다고 해서 그렇게 말한다면 항상 나쁜 관계만 맺을 거예요. 남자 보는 눈이 꽝이라고 스스로 말하면서 지나치게 일반화하는 대신 객관적으로 생각하면 어떨까요? 그러면 같은 일이 반복될까 봐 두려워하는 마음에 집중하는 대신 당신이 괜찮은 사람을 선택할 수 있다거나 혼자인 상태를 평온하게 받아들일 수 있다는 사실이 보일 거예요. 그러면 가능성과 기회에 마음이 더 열릴 테고요. 전에 건강하지 않은 사람을 선택한 적이 있다고요? 누구나 그래요! 하지만 그렇다고 해서 앞으로도 계속 그런다는 의미는 아니에요. 우리 사회에는 운명적인 짝을 찾아 결혼해야 한다는 믿음이 있어요. 하지만 사실 현실적으로 모든 사람이 그럴 순 없잖아요. 그래도 괜찮고요."

이건 통계적으로도 타당한 이야기다. 통계에 따르면 이혼율은 약 50퍼센트에 이른다. 이것은 결혼이 영원한 사랑을 보장해주지 않는다는 사실을 증명한다.

에바가 말했다.

"그건 확실히 말이 되네요. 나도 나 자신에게 다른 이야기를 들려주고 싶어요. 진심으로요. 난 내면의 부정적인 기운을 완전히 바꿔놓고 싶어서 열심히 노력했어요. 상담도, 치료도 받았죠. 하지만 가끔은 내 안에 아직도 부정적인 생각이 있다는 데 좌절하고 말아요."

내가 물었다.

"당신에 대한 부정적 믿음 말인가요?"

"네. 그게 장애물이라는 걸 나도 알아요. 두려움은 계속 거기 있어요. 더 이상 두려워하고 싶지 않아요. 나도 내가 중요하고 가치 있는 사람이라는 걸 알아요. 그저 그 사실을 가끔 잊어버리는 것 같아요."

"당신이 충분히 자격 있고 능력 있는 사람이라는 걸 잊지 않기 위해 오늘 어떤 결정을 내릴 수 있을까요?"

에바는 잠시 생각하더니 말했다.

"진짜 친구들에게 다시 연락해야 할 것 같아요. 내가 믿고 나를 믿어주는 사람들 말이에요."

"아주 좋은 결정이네요. 그럼 첫 단계는 사람들과 더 많이 소통해서 당신이 얼마나 훌륭한 사람인지 떠올리게 해주는 공동체를 마련하는 거군요. 어떻게 하면 될까요?"

결의에 찬 목소리로 에바가 말했다.

"일정을 조정해서 시간을 내면 돼요."

"그럼 오늘 여기서 나간 다음에 어떻게 힘을 낼 수 있을까요? '난 외톨이가 될 거야, 가난해질 거야, 후회할 거야'라는 생각에서 벗어나려면 어떤 행동이 필요할까요?"

"사람들과 더 많이 어울리려고 해요. 오늘 전화할 만한 친구들이 몇 있거든요."

"멋지네요. 그럼 사람들과 더 많이 어울린다고 했는데, 데이트나 연애에 대해서는 지금 아무 결정도 안 하는 편이 기분이 더 좋은가요?"

"네. 지금은 연애에 대해 아무 결정도 하지 않을래요. 친구들과 더 돈독하게 지내고, 나 자신을 돌보는 데 열중하고 싶어요. 그러고 나서 생각하는 게 나을 것 같아요."

"아주 좋아요. 그럼 이제 걸음을 내디딜 준비가 됐나요?"

"네. 정말 그래요!"

에바는 자신 있는 목소리로 대답했다.

이야기가 끝났을 때 에바의 눈빛은 더 밝아졌고 말 그대로 더 가벼워 보였다. 그녀는 관점을 바꿔 문제를 정면으로 돌파했다. 장애물만 보면서 느꼈던 어둡고 위축되는 패배감은 기회를 보기 시작하면서 깨달음과 힘, 행복함으로 바뀌었다. 특히 에바는 자신이 친밀한 관계에 대해 어떻게 지나친 일반화를 하고 있었는지 깨닫기 시작했다. 이 깨달음 덕분에 지나친 일반화 대신 객관적 사고를 선택할 수 있었고, 과거가 미래를 휘두르게 놔둘 필요가 없다는 것도 이해했다. 그녀는 이제 외로움에 대한 공포로 장애물만 보이는 관점에 갇혀 있지 않았다.

지체 없이 행동에 나선 에바는 객관적 시각을 유지하도록 도와줄 친구들로 주변을 채웠다. 의욕과 동기를 북돋아줄 뿐만 아니라 최고의 자아로서 결정을 내리도록 해줄 일종의 팀을 꾸린 셈이었다. 최근의 대화에서 그녀는 연애상대를 찾는 것이야말로 가장 관심 밖의 일이 되었다고 말했다. "아파트에서 혼자 사는 노인이 되면 또 어때요? 친구 몇 명 부르면 되죠!" 에바는 자신이 남자 보는 눈이 없고 결국 쓸쓸히 혼자 늙어갈 것이라고 믿었던 지나친 일반화에서 벗어났다. 이후 상황을 객관적으로 보기 시작했고 자신이 건강한 관계를 선택할 탁월한 능력이 있음을 깨달았다. 하지만 당장은 연애를 하고 싶다거나 필요하다고 생각하지 않는다는 사실 역시 알게 되었다.

다시 한 번 말하자면 이렇게 달라지는 데는 몇 년씩이나 걸리지 않는다. 관점을 바꾸면 되는 문제일 뿐이고, 더 나은 삶을 위해 내릴 수 있는 하나의 결정을 깨달음으로써 완벽하게 해결될 수 있다.

⋎ 긍정적 포스: 객관적 사고

지나친 일반화와 객관적 사고를 비교하고 두 관점의 극명한 차이를 알아보자.

객관적으로 생각할 때는 선입견에 휘둘리는 대신 시야가 넓게 트이고 사람이나 상황의 모든 측면이 보인다. 객관적 사고는 결국 비판적 사고와 같은 말이다. 둘 다 무지를 벗어날 수 있는 길이다.

객관적으로 생각할 때는 섣부르게 가정하는 대신 궁금한 것이 많아진다. 새로운 아이디어를 자유롭게 떠올리거나 새로운 믿음 체계를 받아들이기도 한다. 지나치게 일반화할 때는 좁고 어두운 터널을 통해 세상을 보지만, 반대로 객관적으로 사고할 때는 삶에서 더 많은 변화를 경험할 수 있다. 발전은 객관적 사고에서 출발한다. 그리고 나는 우리가 객관적 사고를 통해 우리 자신과 다른 사람들에게 더 공감하고 연민을 느낄 수 있다고 믿는다. 이런 이유로 객관적 사고는 내면과 외부 세상에 모두 평화를 가져온다.

지나친 일반화	객관적 사고
<ul><li>하나의 사례를 근거로 결론 내리기</li><li>한 사람이나 한 번의 경험으로 전체 집단에 꼬리표 붙이기</li><li>한 사건의 결과로 자신에게 꼬리표 붙이기</li></ul>	<ul><li>한 순간에 얽매이지 않고 자기 자신, 다른 사람들, 상황 등 모든 측면을 고려하기</li><li>호기심과 유연한 태도 갖기</li><li>새로운 믿음, 아이디어, 사고방식을 탐색하고 받아들이기</li><li>공감과 연민을 발휘하기(다른 사람들의 관점을 더 잘 이해할 수 있음)</li></ul>

우리 사회의 지나친 일반화

이 장에서는 지나친 일반화가 어떻게 더 나은 삶을 위한 재창조, 점진적 변화, 전환 시도를 방해하는가에 주로 초점을 맞추었다. 이번에는 지나친 일반화가 사회 전반에서 어떤 방식으로 나타나는지 간단한 사례를 통해 살펴보려 한다. 나는 사회에서 일어나는 지나친 일반화를 멈추기 위해 모두가 예민하게 의식해야 한다고 생각한다.

나는 우리 집 강아지인 비다 마리아와 종종 산책을 나간다. 동물을 키우는 사람이라면 그들이 우리에게 얼마나 의미 있는 존재이고 우리가 그들에게 얼마나 잘 해주고 싶어 하는지 알 것이다. 비다와 내가 밤에 산책하러 가면 노숙인들을 만날 때가 있다. 그중에는 안타깝게도 정신 질환을 앓는 사람이 있고, 집에서 쫓겨났다는 사람도 있으며, 약물에 중독된 사람도, 아닌 사람도 있다. 들어보면 별의별 사연이 다 있고, 저마다 나름의 사정이 있다.

산책하면서 만나는 노숙인 중에는 친절한 사람이 많다. 이들은 나에게 안부를 묻거나 비다를 쓰다듬고, "복 많이 받으세요"라든가 "투명인간 취급하지 않고 말 걸어줘서 고마워요"라고 말하기도 한다. 그런데 나에게 친절하게 대하지 않은 사람도 한 명 있다. 그 사람은 나에게 침을 뱉으려 한 적도 있고 지나가는 사람들에게 욕을 하기도 한다. 그 사람을 데이브라고 하겠다. 나는 여러 이웃들에게 데이브와 관련된 재미있는 일화를 들은 적이 있다. 한번은 동네 미용실 원장에게서 들었는데, 데이브가 가게 유리창 앞에 서서 손님들을 향해 바지를 내렸다는 거였다. 다시 말하지만 데이브의 이런 행동은 우리 동네나 사회 전체의 노숙인들이 모두 그렇다는 의미가 아니다. 하지만 그는 스스로의 선택으로 많은 사람의 눈총을 받는다.

나는 이웃들이 노숙인을 어떻게 생각하는지 알고 싶었다. 그래서 몇 사람에게 간단한 의견을 물었다. 대부분은 노숙인에 대해 크게 신경 쓰지 않거나 연민 어린 반응을 보였고 뭔가 도와줄 일이 있었으면 좋겠다고 말하기도 했다. 하지만 한 사람은 질문을 하자마자 악에 받친 듯 쏘아붙였다. "저번에 어떤 노숙자가 어떻게 했는지 못 들었어요? 갑자기 바지를 내렸다잖아요. 으, 역겨워. 노숙자는 최악이에요. 동네의 해충 같은 존재죠. 집값 떨어뜨리고 범죄나 저지르고 말예요. 싹 다 잡아들여야 한다니까요."

그 사람은 그런 의견일 수 있다. 하지만 내가 이 이야기를 하는 이유는 이것이 지나친 일반화의 대표적인 예이기 때문이다. 데이브의 행동이 부적절하고 불법적이었나? 그렇다. 하지만 한 남성 노숙인의 행동이 전체 노숙인을 상징한다고 가정하는 것은 정당하거나 논리적인가? 절대 그렇지 않다. 사람들에 대한 지나친 일반화는 위험하고 비윤리적이다. 우리는 한 번의 경험이나 한 사람을 근거 삼아 어떤 집단을 판단하지 않도록 늘 정신을 바짝 차려야 한다. 나는 인종 차별과 성차별을 비롯한 모든 차별과 혐오들이 지나친 일반화에서 시작되며 우리가 그것을 왜 경계하고자 하는지 당신이 알 수 있으리라 확신한다.

↓ 지나친 일반화로 유도하는 우리의 뇌

지나치게 일반화하는 경향은 가끔 자동반사적인 것처럼 보일 때도 있다. 지나친 일반화는 뚜렷한 의도에서 나온다기보다 그저 습관적으로 일어난다. 이것은 우리 뇌가 지름길을 만들기 때문이다. 알다시피 어떤 결정을 내려야 할 때 고민할 시간이 늘 충분한 것은 아니다. 빨리 결정해서 밀고 나가야 할 때가 많다. 바로 이런 이유로 우리 뇌는 지름길을 만들어 일을 덜 복잡하게 하려고 한다.

　이런 지름길 중 하나는 대표성과 관련이 있다. 말하자면 통계를 무시하고 머릿속에 떠오르는 사례나 고정관념에 초점을 맞추는 것이다. 우리는 어떤 상황에 처하면 머릿속에 가장 대표적으로 떠오르는 사례와 비교하곤 한다. 예를 들어 어떤 사람이 믿을 만한지 결정하려는 상황이라고 해보자. 우리는 머릿속에 떠오르는 몇 가지 예와 그 사람의 여러 측면들을 비교한다. 그 사람이 우리 할머니와 나이가 비슷하고, 옷도 비슷하게 입고, 머리 모양도 같은 여성이라면 우리는 자연스럽게 그 사람의 다른 점들도 할머니와 비슷하리라고 가정한다. 따라서 그 사람이 친절하고 다정하고 믿을 만하다고 생각하게 된다.

또 다른 지름길은 떠올리기 쉬운 사례를 바탕으로 결정을 내리는 방법이다. 어떤 결정을 해야 할 때 우리는 그와 관련하여 직접 보거나 경험한 일들을 떠올린다. 이때 빨리 떠오른 사례들이 더 자주, 흔히 일어난다고 믿기 쉽다. 예컨대 여행 계획을 짜면서 비행기를 타야 할지 말지 고민하다가 갑자기 최근에 일어난 비행기 사고 횟수가 떠올라 비행기 여행은 위험하니 자동차로 가야겠다고 결정하는 식이다. 하지만 실제로 비행기 사고보다는 자동차 사고가 더 자주 일어난다. 따라서 이 예시에서는 쉽게 떠오르는 사례를 이용하는 지름길, '가용성 편향(availability bias)'이라고도 하는 경향이 실제로 결정을 왜곡한 셈이다.

이런 지름길에는 본질적인 문제가 있다. 우리는 지름길을 바탕으로 내린 판단을 무턱대고 믿을 때가 많고 그것을 직감으로 착각하기도 한다는 것이다. 하지만 그 판단은 정확하지 않을 수 있다. 이런 정신적 지름길을 사용할 때는 그것에 너무 의존하기 전에 의식적으로 타당성을 검증할 수 있도록 경계하기 바란다.

⭭ 지나친 일반화 vs. 객관적 사고

다음 표를 살펴보고 우리가 어떤 식으로 지나친 일반화를 하는 지, 반대로 어떻게 객관적으로 사고할 수 있는지 알아보자. 지나친 일반화가 어떻게 진정성과 어긋나는 결정을 내리게 하는지, 객관적 사고가 어떻게 더 기분 좋은 결정을 내리게 하는지도 생각해보자.

지나친 일반화	객관적 사고
모든 다이어트 방법은 효과가 없어.	다이어트에 성공한 사람도 많아.
믿을 사람이 없어.	나는 믿을 만한 사람이고, 다른 사람들도 분명 그럴 거라고 생각해.
남자들은 그저 어린 여자만 좋아하지.	많은 남자가 상대에게 충실해. 오래 만났어도 말이야.
나는 늘 우울했어.	한순간도 빠짐없이 100퍼센트 우울하기만 하다는 건 불가능해. 만약 그렇다면 비교할 것이 없어서 우울함이 어떤 감정인지조차 알 수 없을걸.

연습하기

요즘 당신의 삶에는 어떤 문제가 있는가?

_____

_____

_____

_____

_____

문제가 있는 영역에서 어떻게 지나친 일반화를 할 수 있는가?

_____

_____

_____

_____

_____

그 영역에서 어떻게 객관적 사고를 할 수 있는가?

_____

_____

_____

_____

_____

지나친 일반화 대신 객관적 사고를 할 때 어떤 기회들이 보이는가?

_____

_____

_____

_____

기회를 보는 객관적 사고를 바탕으로 어떤 결정을 내릴 수 있는가?

_____

_____

_____

_____

행동에 나설 준비가 되었는가? 혹은 상황을 있는 그대로 평온하
게 받아들이고 있는가?

_____

_____

_____

_____

_____

_____

이제 당신은 결정을 내렸다. 결정에 따른 결과를 마음에서 내려
놓을 수 있는가?

↓ 객관적으로 나아가기

다음 포스로 넘어가기 전에 객관적 사고라는 모자를 꾹 눌러 쓰
자. 지금부터는 국가, 친구들, 심지어 당신 자신과의 사이에서도
싸움, 분노, 전쟁이 일어날 수 있을 정도로 뿌리 깊고 예상치 못
할 포스를 살펴볼 것이기 때문이다.

태풍에 뿌리째 뽑혀 나가는 나무

태풍에 휘어질 뿐
뿌리째 뽑혀 나가지 않는 야자나무

CHAPTER
7

경직된 사고방식 vs. 여유로운 사고방식

네 번째 포스는 경직된 사고방식과 여유로운 사고방식이다. 전자는 변화하는 사건, 사람, 장소, 사물 등에 일정한 방식으로만 대처하는 태도이고, 후자는 좀 더 유연하게 대하는 태도다. 백년 이상 된 튼튼한 떡갈나무를 생각해보자. 어마어마한 강풍이 몰아치는 큰 태풍에 굳세게 버티던 나무는 갑자기 엄청난 소리를 내며 뿌리째 뽑혀 나간다. 이번에는 허리케인 속에서 야자나무가 어떻게 되는지 생각해보자. 아마 당신은 허리케인이나 열대성 폭풍이 상륙했다는 뉴스에서 야자나무들이 강풍을 맞으며 지면과 거의 수평이 될 정도로 구부러져 있는 장면을 본 적이 있을 것이다. 하지만 태풍이 물러가면 야자나무는 금세 똑바로 일어나 당당히 서 있다. 왜 그럴까? 야자나무의 몸통은 아주 부드럽고 유연하기 때문이다. 바람이 불면 잘 휘어진다. 이들은 흐름을 따를 수 있기 때문에 살아남는다.

결정도 마찬가지다. 사고방식이 경직되어 있으면 스트레스와 예기치 못한 난관에 뿌리째 쉽게 뽑혀 나간다. 그리고 독단적인 상태로는 최고의 자아로서 결정을 내릴 수도 없다. 반면에 긴장하지 않고 유연한 상태에서는 적응을 더 잘하고, 진정한 자신을 위험에 빠뜨리지 않으면서 인생의 강풍이 주변으로 흘러가게 한다.

생각이 경직되어 있을 때는 결정에 따른 결과나 다른 사람들의 결정마저 통제할 수 있다고 믿는다. 경직된 사고방식이 삶에서 어떻게 나타나는지 보여주는 예는 다음과 같다.

- '내 방식에 따르지 않으려면 떠나라'라는 사고방식.
- 모든 대화와 논쟁에서 자신이 옳아야 함/마지막 한 마디까지 이겨야 함.
- '~해야 한다'라는 표현 사용하기(완고한 믿음 체계에 따라 '~해야 한다', '~해서는 안 된다'라는 표현을 사용함).
- 자신이 늘 해왔던 방식이 유일한 방식이라고 믿기.

경직된 사고는 다양한 방식으로 나타날 수 있다. 그리고 다른 사람들에게서는 쉽게 발견할 수 있지만 자기 자신이 그렇다는 것은 깨닫기 어렵다. 누구나 완고하다고 할 만한 사람이 주변에 있을 것이다. 이들은 어떤 일을 정해진 대로만 하려고 하고, 다른 방식도 효과가 있다고 확신하지 못한다. 내가 만난 완고한 사람 이야기를 하나 해보겠다.

나는 회사에 다닌 적이 있다. 이 회사는 중독에 빠진 사람을 구하려는 가족들에게 필요한 도움이나 치료를 전문적으로 제공하는 곳이었다. 나는 주요 정신질환이나 중독으로 고생하는 사람들에게 개입하여 도움을 주었다. 나에게 도움을 요청한 사람은 주로 환자의 가족이나 고용주, 친구들이었다. 개입은 최후의 시도다. 개입 전문가를 고용하는 이유는 보통 의학적으로 위험한 상황이거나, 법원에서 판결을 받았거나, 환자가 회복을 결심하게 하려는 주변의 의지가 있어서다. 중독으로 고생하는 사람들은 주변의 사람, 장소, 사물이 함께 변하지 않는 한 달라지기 어려운 경우가 많다.

그래서 사람들은 개입 전문가를 구한다. 모든 의뢰인은 환자 본인과 마주앉아 이야기 나눌 자리를 마련하고 나를 믿는 수밖에 없었다. 많은 가족이 개입을 시도했지만 효과가 없었기 때문에 나에게 찾아오는 것이었다. 이들은 가능한 한 최선의 결과를 낳을 행동 계획과 체계가 필요했다. 벌써 15년도 더 된 일이다. 회사와 나는 처음에 '존슨 모형(Johnson model)'이라는 전략으로 개입을 시작했다. 이 전략의 본질은 개입 대상자를 깜짝 놀라게 하는 것이다. 당시에는 일반적으로 개입 대상자를 잠에서 깨워 온 가족과 동료 몇 사람, 친하게 지내는 이웃, 멘토 등이 모두 거실에 앉아 있는 모습을 보게 했다. 당사자는 대개 잠옷 차림으로 졸린 눈을 비비면서 나오곤 했다. 이 전략은 꽤 효과적이었기 때문에 회사와 나는 개입 과정에서 존슨 모형을 주로 사용했다. 이런 유형의 개입은 중독 행동을 멈추고 치료를 시작하는 데 도움이 된다.

이때 가족들은 세 통의 편지를 쓴다. 첫 번째 편지는 이렇게 시작된다. "나는 중독이 네 삶을 어떻게 바꿔놓았는지 지켜봤단다." 그다음에는 개입 대상자가 그동안 어떻게 달라졌는지, 그 특징들이 적혀 있다. 이를테면 이런 내용이다. "밝고 다정하고 긍정적이었던 친구는 나에게 관심도 없는 이기적이고 비열한 사람으로 변했어." "열정과 의욕으로 가득 차 성공적인 삶을 살던 네가 몇 년이나 직업 없이 지내는 걸 봤지." "아이들을 사랑하고 학교 행사에 꼭 얼굴을 비추던 너는 아이들을 돌보지도 않고 그 앞에서 술을 퍼마시는 사람이 됐어." 이 편지의 목적은 주변의 모든 이가 걱정하는 어떠한 이유로 개입이 시작된다고 알려주는 것이다. 믿기 힘든 이야기지만, 개입을 시도하는 이유 중 가장 흔한 것은 개입 대상자가 음주운전으로 체포되고 아이들이 울면서 알코올 중독에 대해 이야기하고 직장에서 해고되는 등 많은 증거에도 불구하고, 자신이 모함당하고 있다고 믿거나 주변에서 과민반응하고 있다고 여기기 때문이다.

첫 번째 편지에 이어 읽게 되는 두 번째 편지는 이렇게 시작된다. "너의 중독은 내 인생도 바꿔놓았지." 개입 대상자들은 편지 내용을 듣고 대개 세 가지 감정 중 하나를 경험하는 듯하다. 즉 슬픔(눈물), 멍함(무감정), 분노가 나타난다. 두 번째 편지의 내용은 이러하다. "나는 친구들과 가족에게 네가 괜찮다고 거짓말해야 했어. 네 문제로 너무 스트레스를 받고 불안해서 일도 손에 안 잡힌단다. 네가 자살한다면 어쨌든 내 잘못이겠지. 그럴까 봐 잠도 안 오고 끊임없이 걱정만 되는구나."

마지막 편지는 이렇게 시작된다. "여기서 도움을 받아들이지 않기로 한다면 우리 관계가 달라질 거라는 사실을 알아야 해." 당신은 여기서 대상자의 격렬한 반응을 예상할 수 있을 것이다. 그들은 대개 어떤 식으로든 분노를 표현한다. 그들에게는 분명 도움이 필요하지만 성인에게 도움을 받으라고 강요할 수는 없다. 결국 스스로 결정할 문제다.

나는 절차에 따라 말하고 행동하여 90퍼센트 이상의 대상자가 며칠 안에 치료를 시작하게 했다. 철저히 대본과 절차대로 진행해도 치료를 거부하는 사람들이 아주 가끔 있었다. 하지만 이런 경우는 가족 중에 협조적이지 않은 사람이 있어서다. 부모가 이사를 간다고 해놓고 실제로는 그러지 않는 식이었다. 흥미롭게도 가족이나 친구들이 대상자를 받아주지 못하게 하는 것은 대상자가 치료를 결심하게 하는 것만큼 어려웠다. 이런 경우에는 개입 과정 전체가 제대로 진행되도록 가족과 친구들이 최소한의 선을 지키게 하는 것이 무엇보다 중요했다.

개입 전문가들은 무슨 일이 있어도 개입을 위해 따로 제작된 대본을 반드시 따라야 했다. 이 대본은 믿을 만한 것이어서, 십중팔구 상황에 적절히 들어맞았다. 하지만 알다시피 한 가족과 함께 개입을 진행할 때는 변수가 매우 많다. 이 변수들은 절대 예상한 대로 작용하지 않는다. 중독이 심한 경우 예측할 수 없는 행동이 자주 튀어나온다. 그야말로 어디로 튈지 모르는 상태다. 개입 과정에서는 예측할 수 없는 일들이 자주 일어난다. 나에게 총을 겨눈 사람도 있었고, 창문으로 뛰어내려 탈출하다가 다리가 부러진 사람도 있었다. 바람을 피우는 사람들도 있었고, 24시간 내에 함께 죽겠다며 유서를 남긴 사람들도 있었다. 나는 어떤 상황이든 적응할 수 있어야 했다. 그것은 내 일의 일부였다. 하지만 회사에서는 개입의 방식을 엄격하게 제한했기 때문에 융통성을 발휘할 여지가 거의 없었다. 개입을 한 서른 번쯤 진행할 때까지는 나도 엄격한 절차의 필요성을 이해했지만, 전문가가 된 후 어느 시점부터는 경험에서 나오는 직감의 도움을 받아야 했다.

회사 규정에 따르면 개입 전문가는 절대 가족 곁을 떠나지 말아야 했다. 이것과 관련하여 특히 생각나는 한 가족이 있다. 알코올 중독이었던 대상자가 개입 도중 집안의 다른 장소로 이동한 적이 있었다. 규칙대로라면 나는 남은 가족들과 함께 있어야 했다. 하지만 내 직감으로는 그를 따라가서 이야기를 나누어야할 것 같았다. 나는 규정을 어기고 그와 단둘이 이야기를 나누었다. 이 가족의 이야기는 다음과 같다.

빌의 아내와 가족들은 나에게 개입을 의뢰했다. 내가 그 집에 도착했을 때 빌은 자고 있었다. 방에서 나와 편지 내용을 모두들은 빌은 그들을 매우 사랑하지만 치료는 받지 않겠다고 했다. 구체적으로 말하면 가족들이 선택한 개입 방식 때문에 치료를받지 않겠다는 것이었다. 개입 대상자들은 대개 울음을 터뜨리거나 벌컥 화를 내곤 했는데, 빌은 화를 내며 방으로 다시 들어가버렸다. 내 직감에 따르면 빌은 가족 외에 이야기할 사람이 필요했다. 나는 방으로 들어가 침대에 앉아서 말했다.

"빌, 나도 이 상황이 불쾌하다는 거 알아요. 이런 일이 일어나길 바라는 사람은 없죠. 당황스러우니까요. 분명히 여기 있는 사람들은 모두 당신을 사랑해요. 그런데 당신 정말로 이 사람들과 연을 끊을 거예요? 치료 센터에 갈 수 있잖아요. 앞으로 어떻게 되겠어요? 정말로 아내와 이혼하고 아이들과도 불편한 관계가 되고 싶어요? 왜 인생을 더 힘들게 만들려고 해요? 당신은 개입하는 방식이 틀려먹었다고 고집을 부리지만, 그게 전부가 아니에요."

나는 이야기를 나눈 지 15분이 지나 방 밖으로 나와서 이렇게 말했다.

"가신대요. 제가 치료 센터로 모시고 가겠습니다."

빌은 지금까지 잘 지내고 있다.

며칠 후 열린 전화 회의에서 상사들은 내가 규정을 어겼고 상황에 부적절하게 대처했다고 말했다. 하지만 나는 분명히 그날 저녁 궁극적인 목표를 달성했다. 빌이 치료 센터에 들어갔으니 말이다. 물론 이 사건뿐만 아니라 많은 경우에 일관성이나 표준적 절차는 필요하다. 하지만 당시의 나처럼 현장에 있을 때, 특히 생사가 달린 상황에서는 다르다. 그런 상황에 대처하도록 훈련받은 사람이라는 전제 하에 어떤 일에든 대처할 수 있도록 유연한 허가가 필요하다. 지금도 나는 그렇게 개입하지 않았다면 빌이 치료 센터에 가지 않았으리라고 생각한다. 그리고 내가 그 상황에 느긋하게 접근하고 적응했다는 것이 매우 기쁘다. 나는 독단적 규칙 대신 최고의 자아의 인도에 따라 결정을 내릴 수 있었다.

이 사례는 경직된 태도가 최선의 결과와 발전 가능성을 어떻게 저해하는지 보여주는 하나의 예일 뿐이다. 그렇다고 내 멋대로 일해도 된다는 의미는 아니다. 내가 겪은 사례는 생사가 오가는 문제였고 직감을 따라야 했던 경우다. 가끔은 이렇게 생명을 구하기 위해 결단해야 할 때도 있다. 단순히 마음에 안 드는 규정을 따르지 않겠다고 결정을 내리는 것과는 완전히 다르다.

↓ 경직된 태도가 나타나는 방식

이제 당신은 경직성이 결정에 어떤 영향을 미치는지 궁금할 것이다. 이를테면 현명한 결정을 내리려고 할 때 문제의 세부 사항이나 특정한 방식에 집착해서 큰 그림을 보지 못하는 경우를 생각해볼 수 있다. 이런 경우 새로운 방식, 지식, 연구 결과, 해석을 시도하고 받아들이지 못하므로 성공할 기회를 놓치게 된다. 특히 삶의 한 영역에서 전환이나 변화를 꾀할 때는 반드시 적극적으로 새로운 시도를 해야 한다.

경직된 사고방식에 따른 결과가 어떻게 나타나는지 좀 더 생각해보자. 예를 들어, 엄격하고 진지하게 집안 규칙을 정하고 거기서 조금도 벗어나지 못하게 하는 부모를 상상해보자. 이들은 비에 흠뻑 젖어 들어온 아이에게 이렇게 말할 것이다. "에이, 더러워. 푹 젖었잖아! 신발은 밖에 내놔야지! 깨끗한 바닥에 물 뚝뚝 흘리지 말고." 반면에 좀 더 느긋한 부모라면 이렇게 반응할 것이다. "엄청 신나게 놀았구나! 흙 묻은 신발은 들어오기 전에 좀 닦고 오겠니?"

이 차이가 느껴지는가? 우리가 상대에게 발산하는 에너지는 양쪽 모두의 감정에 영향을 준다. 특히 아이에게 말할 때는 더욱 그렇다. 완고하게 생각하는 사람과 함께 시간을 보내는 것은 지치는 일이다. 자기 관점만 고집하는 사람과 함께 있을 때 상대는 투명인간 취급을 받는다고 느낀다. 이들의 의견은 늘 틀린 것으로 여겨진다. 사사건건 지적하고 고치려 들거나 자기 방식이 더 나은 이유를 설명하려는 사람을 대하면 벽에 부딪힌 듯한 기분이 들 수 있다. 도저히 이길 수 없다는 느낌이 들고, 조금도 의욕이 생기지 않는다. 나는 지나치게 융통성 없는 사람들을 곁에 많이 두지 않으려고 한다. 특히 어떤 식으로든 필요 이상으로 경직되어 있는 사람들을 가까이 하지 않는다. 통제하려는 기색이 역력한 사람과 함께 있으면 기분이 좋지 않기 마련이다.

평소 경직된 사고방식으로 생활하거나 삶의 한 영역이나 주제에 융통성 없게 접근하는 사람은 일정한 규칙 체계에 안주하여 더 좋은 방식의 존재 가능성을 거부한다. 즉 '내 방식에 따르지 않으려면 떠나라'라는 식의 태도를 취하기 쉽다. 이런 태도는 혼자 '정의로운 싸움'을 하는 사람들에게서 흔히 보인다. 이들은 논쟁이나 싸움의 내용보다 자기가 옳다는 주장에 더 집중한다. 가끔 우리는 어떤 일을 늘 특정한 방식으로 해왔으므로 그 방식만이 옳다고 믿기도 한다. 이처럼 경직된 태도는 자기 믿음이 옳다는 생각에 사로잡힌 나머지 자신에게 무엇이 최선인지 알지 못할 때 자주 나타난다.

경직된 사고방식으로 살아갈 때는 행동반경이 좁아진다. 더 나은 삶, 더 원대한 삶, 깊은 충만함이 있는 삶을 만든다는 생각조차 버거울 수 있다. 그러려면 삶의 여러 규칙들을 바꿔야 하기 때문이다. 이것이 불안의 원인이 되기도 한다. 경직된 사고를 하는 이유는 아마도 안전하다는 느낌 때문일 것이다. "전에도 효과가 있었고, 앞으로도 효과가 있을 테니 여기서 벗어나지 말자." 이것이 경직된 관점으로 세상을 보는 방식이다. 하지만 전에 효과적이었다고 해서 반드시 지금도 효과적이리라는 보장은 없다. 삶은 계속 변하고 우리도 그에 맞춰 달라져야 한다.

내 경험상 가족에게 경직된 태도를 이어받은 사람도 많다. 이들은 엄격한 분위기에서 자라고 성인이 되어서도 그런 느낌 속에서 살아간다. 가족들이 모두 똑같이 행동하거나 비슷한 선택을 하는 것을 보면서 그에 따르는 것이 옳다고 느끼기도 한다. 이렇게 오래 지속된 패턴에서 벗어나기도, 그에 순응하기도 모두 어려울 수 있다.

나 역시 경직성이라는 함정에 빠진 적이 있다. 〈늘 발전하는 삶-마이크 베이어 코치와 함께〉라는 팟캐스트 방송을 시작했을 때 나는 매번 녹음을 어떻게 진행할지 아주 구체적으로 기획했다. 모든 에피소드를 집에서 녹음하고 싶었고 딱 내가 원하는 분위기를 연출하고 싶었다. 한 회 한 회가 모두 완벽해야 한다고 생각했다. 완벽주의에 가까울 정도로 아주 작은 부분까지 세심하게 신경을 썼다. 언론을 통해 홍보할 때도 구체적인 계획이 있었기 때문에 뉴스 기사에 게스트 이름을 잘못 써냈을 때는 기절할 지경이었다. 완벽하고자 하는 욕심은 깨졌다. 이 모든 과정을 녹화해서 유튜브에 올리고 싶었지만 그것조차 잘되지 않았다. 어쩔 수 없이 빡빡한 생각들을 모두 흘려보내고 느긋해져야 했다. 우리는 제시카 심슨(Jessica Simpson)의 출판 행사 전 비좁은 대기실에서 첫 인터뷰를 하기에 이르렀다. 내가 마음을 더 느긋하게 먹지 않았다면 이렇게 멋진 인터뷰를 할 기회를 놓쳤을 것이다. 그날 저녁 나는 딱 이랬으면 좋겠다고 바랐던 일들이 사실 그렇게 중요하지 않았다는 것을 깨달았다.

놀라운 일들은 팟캐스트를 하는 동안 계속되었다. 두 번째 에피소드에는 필 맥그로 박사가 출연했고 녹음도 그의 집에서 했다. 우리는 흥미로운 이야기들을 나누었다. 필 박사는 전에 했던 그 어떤 인터뷰에서보다 자기 이야기를 많이 들려주었다. 그와 20년 이상 함께 일했던 프로듀서들도 처음 들은 이야기라고 언급할 정도였다. 비비카 A. 폭스(Vivica A. Fox)가 출연한 세 번째 에피소드는 영화 촬영장 안의 개조한 편집실에서 제작되었다.

우리는 앞날에 어떤 일이 펼쳐질지 결코 알 수 없다. 나를 성공으로 이끈 것은 빡빡한 생각들을 흘려보내고 내 삶과 우주가 가져다준 인터뷰의 흐름에 느긋하게 올라타려는 나의 의지였다. 나 스스로 세운 벽을 부수고 나간 곳에는 기회의 세계가 펼쳐져 있었다. 성공은 목적지가 아니라 여정 그 자체다. 너무 딱딱한 태도로는 여행을 즐길 수 없다.

귀를 막고 내리는 결정

어떤 주제에 대해 자신과 다른 관점을 듣지 않으려는 태도는 경직성의 전형적인 예다. 실제로 한 정당의 지지자들이 다른 정당의 의견을 듣는 데 매우 부정적이라는 연구 결과도 있다. 이 연구에서는 참가자의 3분의 2 정도가 반대편의 이야기를 듣느니 금전적 대가를 포기하는 쪽을 선택했다. 그리고 사람들은 동성 결혼, 선거, 마리화나, 기후변화, 총기 사용, 임신 중단 등의 주제를 '옳음'이나 '틀림'으로 나누어야 했다. 이들은 자신의 관점만이 옳다고 굳게 믿은 나머지 반대편 주장의 근거를 들으려고 하지도 않았다.

이런 사람을 누구나 한 번쯤은 보았을 것이다. 그들은 자기 입장이 옳다는 확신에 차서 그에 들어맞지 않는 정보는 아예 차단해버린다. 이런 사고방식에는 문제가 아주 많지만 그중 가장 눈에 띄는 문제는 성공할 가능성도 같이 차단한다는 점이다. 느긋함, 유연함, 다른 사람의 의견과 아이디어를 경청하고 받아들이는 자세가 성공의 중요한 요소이기 때문이다. 대부분 완고한 사람보다 여유로운 사람과 함께 일하고 싶어 한다. 경직된 태도는 갈등을 불러일으키기 쉬운 반면 여유로운 태도는 협력과 해결을 이끌어낼 수 있다. 자칫 완고해질 수 있지만

다른 이들의 생각에 열려 있는 느긋한 마음이 도움이 되는 영역에서
는 이 점을 명심하도록 하자.

ᛎ 의사결정 과정에서 나타나는 경직성 알아차리기

이제 당신이 어떤 영역에서 경직된 태도를 취할 가능성이 있는
지, 그리고 그 경직성이 최고의 자아로서 결정하는 능력에 어떤
영향을 미치는지 잠시 알아보자. 경직된 사고방식은 인생의 모
든 일과 인생 그 자체를 장애물로 보는 시각이다. 지금 가장 긴
장감이 느껴지는 삶의 영역을 떠올려보자. 여기서 출발하는 이
유는 긴장에서 경직성이 발생하기 때문이다. 즉 경직성의 원인
은 통제 욕구와 모든 것을 하나의 틀에 욱여넣으려는 시도에 있
다. 그런데 당신이 지금 완고하게 생각하는 문제는 대부분 일 년
만 지나도 중요하지 않게 된다. 이 사실을 깨달으면 긴장을 누그
러뜨리기 쉬워진다.

긴장감이 느껴지거나 스트레스를 받는 영역에 다시 초점을
맞춰 더 구체적으로 생각해보자. 예를 들어 일에서 스트레스를
받는다면 당신에게 부정적인 영향을 미치는 동료가 있는지 떠
올려보자. 혹시 남의 공을 가로채거나 게으르고 회의에 늦는 사

람이 있는가? 그 사람에게 '회사 생활하는 법'이라는 안내 책자라도 건네면서 한소리 하고 싶은가? 아니면 아이가 당신 기준에 어긋나는 행동을 하거나 못된 짓을 하면 화가 치솟고 '내 집에 사는 동안에는 내 방식대로 해!'라고 말하고 싶은가?

경직성은 아주 미묘하고 은근하게 나타날 수 있다. 보통 극단적인 사례에만 눈이 가지만 경직성이 늘 그렇게 극단적으로 드러나지는 않는다. 예를 들면 이혼이나 연인과의 이별 후 새로 만난 사람이 정치, 종교, 하다못해 응원하는 풋볼 팀 같은 주제에서 당신과 의견이 다르면 짜증이 나는가? 그것만 아니면 괜찮은 사람인데 이런 '옳지 않은' 관점으로 세상을 본다는 점에 견딜 수 없이 화가 나는가? 혹시 그들에게 '올바른' 관점을 알려주고 설득하거나, 아니면 다시는 만나지 말아야겠다고 다짐하는가?

내 의뢰인들 중에는 사업을 시작하고 나서 계속 마음고생을 하는 사람이 많았다. 사업이 그리 잘되지 않아도 계속해야 한다는 믿음에 매달려 있는 것이다. 이들은 이제 그만둬야 한다는 어려운 결정을 내리지 않으려고 한다. 이미 시간, 에너지, 돈, 피, 땀, 눈물을 투자했는데, 어떻게 사업을 접고 다른 일을 시작하느냐고 생각한다. 이들에게 후진은 없다. 하지만 긴장을 풀고 그동안 얻은 경험과 지혜의 가치를 보기 시작하면 변해야 할 때임을 깨닫기가 훨씬 쉬울 것이다.

더 나아가 다음과 같은 질문들도 할 수 있다.

- 마음과 달리 남들과 자주 싸우게 되는가?
- 문제에 공격적으로 접근하는가? 사람들에게 공격적인 태도를 취하게 되는가?
- 자신의 믿음을 다른 사람들에게 승인받으려고 하는가?

사람들의 본래 모습을 편안하게 받아들이고 당신의 의견도 얼마든지 변할 수 있다고 생각하는 대신, 타인의 행동이나 의견에 대해 경직된 태도가 튀어나오고 융통성이 없어지는가? 단지 예전의 행동이나 믿음을 정당화하기 위해, 마치 당신의 정당성을 증명하듯 결정을 내리는가?

더 읽어가면서 이 질문들에 대해 생각해보라. 이 장 마지막 부분에서는 당신이 삶과 의사결정 과정에서 어떤 식으로 경직된 태도를 보이는지 더 깊이 알아보는 연습을 할 것이다.

↓ 긍정적 포스: 여유로운 사고방식

여유로운 사고방식이란 인생의 모든 일과 인생 그 자체를 기회로 보는 관점이다. 문제를 볼 때 긴장을 풀고 느긋해지면 경직된 사고방식에서 벗어나는 데 도움이 된다. 여기서 느긋해진다는 말은 '중심에 서다'라는 뜻이다. 여유로운 사고방식으로 살아갈 때는 삶을 내 마음대로 휘두르는 대신 있는 그대로 받아들이기 쉽다. 상대방이 인정받고 존중받는다고 느끼게 해주고, 의욕에 차 새로운 아이디어를 시도한다. 여유로움이란 방향 전환을 두려워하지 않고, 가끔은 완전히 반대로도 갈 수 있을 정도로 유연하고 열려 있다는 의미다. 그리고 "이 일이 5년 후에도 중요하게 여겨질까?"라고 자문할 수 있는 마음가짐이다. 이런 관점은 결정을 내려야 할 때 스트레스와 압박을 줄이는 데 도움이 된다.

여유로운 상태일 때는 외부 사건에 수동적으로 반응하는 것이 아니라 자기 자신이 중심이 된다. 기꺼이 경직성을 흘려보내고 전과 다르게 행동함으로써 새로운 기회들을 발견할 가능성이 높아진다. 여유로운 마음은 통제하려 하지 않는다. 그러면 기회를 더 잘 붙잡을 수 있다.

여유로운 사고방식의 또 다른 놀라운 장점은 삶을 생생하고 새로운 시각으로 볼 수 있다는 점이다. 느긋한 상태에서는 자기만 옳다는 생각이나 행동의 결과에 집착하지 않기 때문에 자신을 믿고 변화할 수 있고, 옳고 그름보다 발전이 더 가치 있다고 본다. 결정을 앞두고 긴장된다면 반드시 어떻게든 긴장을 풀고 느긋해져야 한다. 당장 답이 보이지 않더라도, 사람들이 내 마음처럼 행동하고 반응하지 않더라도 그 순간 평온함 속에 존재하기로 선택할 수 있다.

누구나 여유를 되찾는 자기만의 방법이 있다. 예컨대 나는 밥

말리(Bob Marley) 노래를 들으면 금방 물가에서 한가롭게 빈둥거릴 수 있을 정도로 긴장이 풀린다. 하지만 몸의 긴장만을 이야기하려는 것은 아니다. 신체적 이완도 필요하지만 정신적으로도 긴장이 풀려야 한다. 즉, 에고를 느슨하게 풀어주어 외부로 관심을 돌리는 것이다. 경직성은 뭐든 자기가 제일 잘 안다는 믿음에서 나온다. 하지만 그 믿음이 실제로 항상 옳지는 않다. 다른 사람들의 지혜와 경험이 필요할 때도 있고, 삶에서 새로운 교훈을 얻어야 할 때도 있다.

그렇다면 당신이 완고한 자아의 긴장을 풀고 새로운 가능성에 마음을 열려면 어떤 일을 할 수 있을까? 명상? 요가? 아니면 마음이 편안해지는 구절이나 기도문이 있는가? 기도를 통해 영적으로 충만해져서 최고의 자아로서 경직성을 사라지게 할 수 있는가? 아니면 당신과 매우 다른 결정을 내렸던 사람들, 배울 점 있는 사람들이 주변에 있는가? 친구나 가족 중에 여유로운 태도로 긍정적 변화를 이루었거나 결정에 따른 결과를 평온하게 받아들인 사람이 있는가? 새로운 아이디어와 기회에 마음을 여는 방법은 많다.

지금 삶에서 개선하고 싶은 영역을 생각해보자. 불안과 스트레스를 줄이고, 개방적인 관점을 추구하며 새로운 기회를 발견할 수 있을지도 생각해보자. 그 내용을 여기에 써보라.

_____

_____

_____

_____

_____

지나친 이완은 독이다

경직과 이완 사이의 무수한 상태 중 어느 한쪽에 치우치지 않는 것이 중요하다. 조금 전까지 지나친 경직성의 부정적 영향에 대해 이야기했지만 지나친 느긋함 역시 마찬가지로 해롭다. 이를테면 집중이 안 될 정도로 긴장이 풀린 조종사가 운전하는 비행기를 타고 싶은 사람은 아무도 없을 테니 말이다. 회의에 매번 지각하는 사람과 함께 일하는 것 역시 고역이다. 주차요금 지불하는 데 지나치게 느긋하다면 결국 차가 견인되고 말 것이다. 부모가 아이들에게 규칙이나 경계선을 정해주지 않는다면 결국 고래고래 소리지르며 가정을 엉망진창으로 이끌어가게 될 것이다. 요컨대 적당히, 즉 책임감이 남아 있을 정도로만 긴장을 풀어야 한다.

우리는 결정을 내릴 때 모든 측면을 고려할 수 있는 여유로운 렌즈로 문제를 보고자 한다. 하지만 책임감을 저버려서는 안 된다. 여유로움과 무책임은 완전히 다르다. 당신은 의사결정 과정에서 맡은 부분에 책임을 져야 하고 다른 사람들이나 자신을 위험에 빠뜨리지 말아야 한다. 당신의 결정을 책임질 수 있는 사람은 오직 당신뿐이다.

↓ 그렇게 심각할 일이 아니다

여유로운 태도에는 자기 자신을 보고 웃을 수 있는 능력이 포함된다. 이것은 있는 그대로의 모습으로 존재하기 위한 핵심 요소다. 실제로 자신이 의사결정 과정에서 경직되어 있는지 여유로운지 판단할 수 있는 간단한 방법은 자신을 희화화할 수 있는지 생각해보는 것이다. 이와 관련된 나의 경험을 소개하자면 다음과 같다.

첫 책인 《베스트 셀프》가 출간된 직후에, 나는 인터넷에서 '최고의 자아 챌린지'를 시작했다. 각자 최고의 자아와 반자아를 그려서 공유하고 서로 영감을 주는 방식이었다. 나는 이 챌린지를 알리는 재미있는 영상을 아주 구체적으로 구상했다. 당시 드라마 〈왕좌의 게임(소설 《얼음과 불의 노래》를 원작으로 제작되어 어마어마한 인기를 얻은 판타지 드라마-옮긴이)〉 마지막 시즌이 방송되면서 엄청난 화제몰이를 하고 있었다. 나는 〈왕좌의 게임〉을 처음부터 봐온 열성팬이었다. 그래서 화이트 워커(White Walker, 극

중에 등장하는 흉측한 모습의 초자연적 존재-옮긴이) 분장을 하고 화이트 워커로서 최고의 자아와 반자아를 공유하기로 했다. 그렇다, 진지하게 그런 일을 기획했다.

나는 이 계획에 푹 빠져 본격적인 준비에 돌입했다. 195센티가 넘는 거구에 맞춰 정교한 의상을 주문하고, 영화 분장 전문 아티스트를 섭외하고, 머리끝부터 발끝까지 완벽하게 화이트 워커로 변신하기 위해 밝은 푸른색 콘택트렌즈까지 주문했다. 내가 두꺼운 렌즈를 끼려고 낑낑거리자 내 비서는 도와주느라 같이 비지땀을 흘렸고, 눈물이 줄줄 흘러 분장이 다 흘러내리는 바람에 메이크업 아티스트는 분장을 고치고 지워지지 않게 하느라 분투하고…… 완전히 난장판이었다. 내가 이 북새통의 원흉

화이트 워커 분장을 하고서 최고의 자아(슈거 워커)와 반자아(루크 크라이워커) 그림을 들고 찰칵!

이었다. (심지어 그 빌어먹을 렌즈 때문에 눈이 아파 며칠을 고생했다.)

나는 자처하여 영상 제작감독으로 나섰고, 내 구상을 현실로 옮기도록 도와줄 연출자들과 세 명의 사진사도 섭외했다. 더없이 치열했던 시간이었다. 사진 촬영은 그야말로 하루 종일 진행되었다. 이거다 싶은 사진이 나올 때까지 사진을 찍고 또 찍었다. 나는 약간 완벽주의자처럼 행동했다. 지나고 보니 그야말로 경직된 태도였다. 결과물이 재미있기를 바랐기 때문에 기준을 아주 높이 잡은 것이었다.

내 인스타그램 게시물들을 거슬러 올라가면 음악까지 곁들인 완성작을 지금도 볼 수 있다. 화이트 워커가 반자아인 루크 크라이워커(Luke Crywalker)와 최고의 자아인 슈거 워커(Sugar Walker)를 공유하는 영상이다. 나는 완성된 영상이 마음에 들었다. 짜릿한 기분으로 다음 날 SNS에 영상을 올렸다.

몇 시간 후 일어나서 휴대전화를 집어 든 순간 마치 크리스마스 아침이라도 된 듯한 기분이 들었다. 아마 영상을 본 많은 사람들이 '좋아요'를 누르고 댓글을 달았을 터였다. 〈왕좌의 게임〉의 엄청난 시청자 수를 감안하면 그 많은 사람이 몰려와 앞다투어 챌린지에 참여했으리라는 생각이 들었다.

그런데 세상에, 헛발질도 이런 헛발질이 없었다.

나는 내 눈을 의심했다. 이 영상이 받은 '좋아요'는 무려(?) 150개였다. 뉴욕타임스 베스트셀러 작가가 이런 천재적인 작품을 만들었는데? 나는 이 게시물이 입소문을 타고 유명해질 줄 알았다. 〈왕좌의 게임〉의 열혈 시청자들이 찾아와서 기발하다고 생각할 줄 알았다. 아아, 고요하구나. 그뿐이었다. 이 영상을 올린 지 46주가 지났을 때는 '좋아요'가 583개, 댓글이 20개였다. 이 영상을 보고 나를 새로 팔로우한 사람은 단 네 명이었다. 제작과 홍보에 들어간 비용을 계산하면 팔로워 한 명을 늘리는 데 600달러(약 70만 원)를 들인 셈이었다. 이게 무슨 일인가! 대실패였다. 나는 완전히 풀이 죽었다.

나는 그때 머릿속 기획에 너무 집중하고 그것이 큰 인기를 얻으리라고 철석같이 믿었던 터라 웃을 수가 없었다. 애초에 경직된 관점으로 시작한 일이었다. 하지만 나에게 필요한 것은 긴장을 풀고 한바탕 웃는 것이었다.

나는 깨달았다. SNS란 해변에서 윗옷을 벗고 찍은 사진을 올리는 데 2초만 투자하면 31,042개의 '좋아요'와 936개의 댓글, 2,440명의 새 팔로워가 쏟아지는 곳이지만, 많은 생각과 계획이 들어간 결과물이 특별한 반향을 일으키지 못하는 곳이기도 했다. 참 이상한 일이다.

핵심은 이것이다. 우리는 인생에서 실험하고, 위험을 무릅쓰더라도 모든 시도가 좋은 결과를 얻지는 못한다는 사실을 깨달아야 한다. 뭔가 잘되지 않는 일이 있다면 그 안에서 교훈을 얻으면서 아주 사소한 재미라도 느끼고 그렇게 심각한 일이 아님을 알아야 한다. 언젠가 이 화이트 워커 사건이 떠올라서 이 일에 대해 쓴 글을 친구에게 읽어봐달라고 한 적이 있다. 친구는 곧장 나에게 전화를 걸어 나와 함께 배를 잡고 웃어대기 시작했다. 숨도 못 쉬고 웃다가 나중에는 배가 아플 정도였다. 지금도 나는 그때 얼마나 처참하게 망했는지, 내가 그 모든 일을 얼마나 심각하게 받아들였는지 생각하면 웃음이 나온다. 확실히 여유로 워졌다는 증거다.

⅄ 당신은 경직되어 있는가, 여유로운가?

다음 표를 보고 경직된 사고방식이라는 부정적 포스와 여유로운 사고방식이라는 긍정적 포스를 비교해보자. 그리고 이들이 당신의 사고방식에 어떤 영향을 미치는지, 특히 당신이 개선하려는 삶의 영역에 어떤 영향을 미치는지 생각해보자.

자기 생각과 행동을 외부에서 관찰하듯 객관적으로 보려고 해보라. 이런 이야기를 하는 이유는 특히 자신의 경직성을 알아차리기 어려울 때가 있기 때문이다. 하지만 이제 당신도 어떤 영역에서 느긋해질 필요가 있는지 알 것이다. 누구나 때로는 경직된 태도를 보인다. 이때 자신이 어떤 장애물에 가로막혀 기회를 붙잡거나 발견하지 못하는지 알 수 있다면 좋을 것이다.

경직된 사고방식	여유로운 사고방식
● '내 방식에 따르지 않으려면 떠나라'라 는 사고방식 ● 모든 대화와 논쟁에서 자신이 옳아야 함/마지막 한 마디까지 이겨야 함 ● 늘 해왔던 방식이 유일한 방식이라고 믿기	● 심호흡하며 차분하게 상황에 접근하기 ● 시간을 내어 다른 사람들이 관심과 존 중을 받는다고 느끼게 해주기 ● 인생을 마음대로 휘두르려고 하지 않고 그 자체로 받아들이기 ● '이 일이 5년 후에도 그렇게 중요할까?' 라고 자주 생각하기

연습하기

실제 사례를 바탕으로 작성된 다음 표를 보고 경직된 사고방식 과 여유로운 사고방식을 비교해보자.

경직된 사고방식	여유로운 사고방식
이게 그 일을 하는 유일한 방법이야.	나는 가능한 한 가장 좋은 방식으로 얼 마든지 협력할 의향이 있어.
내 의견을 입증할 때까지 싸움은 끝난 게 아니야.	의견이 충돌할 때마다 배우거나 성장 할 기회가 있어.
내가 부모니까 너희는 내 말대로 해.	나는 인내심 있게 너희와 함께 노력할 생각이야.
나는 옳고 너는 틀렸어.	이건 옳고 그름을 따질 문제가 아니야.

이번에는 당신이 최근에 내려야 했던 결정들과 관련된 경직된 사고의 예를 써보자. 그리고 더 여유롭게 생각한다면 이 생각들

이 어떻게 바뀔 수 있을지 써보자. 마지막으로, 그 여유로운 사고방식을 바탕으로 어떤 결정을 내릴 수 있을지도 써보라.

경직된 사고방식	여유로운 사고방식	결정

나의 궁극적 목표는 당신이 더 나은 삶을 위한 첫 단계인 하나의 결정에 도달하도록 돕는 것이다. 방금 작성한 표를 보고, 당신의 경직된 사고가 더 나은 삶으로 이어지는 결정을 어떻게 방해하는지 생각해보기 바란다. 즉 경직된 사고는 어떤 방식으로 당신이 장애물에 집중하게 하는가? 그 내용을 써보라.

_____

_____

_____

_____

_____

_____

_____

자, 이제 당신이 더 여유로워진다면 전에 보지 못한 어떤 기회들
을 발견할 수 있을까?

_____

_____

_____

_____

_____

_____

_____

여유로운 관점을 선택함으로써 발견한 기회들을 바탕으로 어떤 결정을 내릴 수 있을까?

_____

_____

_____

_____

_____

_____

행동을 시작할 준비가 되었는가? 혹은 상황과 사물을 있는 그대로 평온하게 받아들일 수 있는가?

_____

_____

_____

_____

_____

_____

〽️ 다음에 나올 포스는……

포스들을 하나하나 알아가면서 깨달은 점들을 머릿속에 넣고 계속 나아가기 바란다. 다시 한 번 말하건대 제대로만 사용한다면 긍정적 포스들은 당신을 더 나은 삶으로 이끌어줄 것이다. 더 나은 삶이란 끝없는 장애물에 가로막혀 주저앉는 대신 기회를 알아차릴 수 있는 삶이다. 영화 〈스타워즈〉에서처럼 포스는 선하게도 악하게도 쓰일 수 있다. 이제 당신은 강력한 포스들이 어떻게 작용하는지 알아차리고 있으므로 진정으로 바라는 삶을 창조하겠다는 뚜렷한 목적에 포스를 활용할 수 있다.

다음 장에서는 명확한 목적이 어떻게 혼란을 극복하는 궁극적 수단이 되는지 알아볼 것이다.

이 생각 저 생각으로 머릿속이 혼란스럽다

구름을 걷어내면 하나의 태양만이 보인다

불명확한 목적 vs. 명확한 목적

결정을 내리려고 하는데 이 생각 저 생각, 이 감정 저 감정이 불쑥 튀어나와 머릿속이 뒤죽박죽된 적이 있는가? 좋은 결과, 나쁜 결과, 최악의 결과 등을 상상하거나 '옳은' 일을 하는 데 집착하거나, 주변의 기대나 압박에 신경 쓰느라 그랬을 수 있다. 이럴 때 우리는 이럴까 저럴까 왔다갔다 반복하다가 머리를 쥐어뜯기 십상이다. 아악! 결국 폭발 직전의 상태가 된다. 그다음엔 어떻게 행동할까? 결정하지 않기로 결정한다. 일단 결정하고 나중에 계속 후회할 수도 있다. 아니면 그냥 침대로 기어들어가 이불을 덮어쓰고 포기할 수도 있다.

이런 일들을 일으키는 느낌의 정체는 뭘까? 바로 '혼란'이다. 당신 역시 이런 느낌을 경험해보았을 것이다. 누구나 그러니까 말이다. 나 역시 이 포스가 나의 최대 약점임을 인정한다. 나는 툭하면 혼란에 빠져 난리를 피운다. 그래서 이 느낌에 전적으로 공감할 수 있다.

마음이 어지러울 때 결정을 내리기는 어려울 뿐만 아니라 매우 스트레스받는 일이다. 이럴 때는 짓눌리는 느낌, 무력감이 들 수 있고 심한 불안 상태에 빠질 수 있다. 어떤 상황에 대해 생각이 많아지거나 너무 자세히 따져볼 때가 있는데, 이것이 혼란의 예다. 자기가 한 말을 하나하나 곱씹거나 생각을 정하지 못하고 인터넷에서 뭔가를 계속 찾고 또 찾아보는 것도, 어떤 주제에 대해 너무 많은 의견을 검토하거나 그 주제에 대해 잘 모르는 사람들이나 주변의 모든 사람과 상의하는 일도 혼란에 빠졌을 때 일어나는 일이다. 이것을 '분석에 의한 마비(paralysis by analysis)'라고 표현한다.

사람들을 기쁘게 하려는 욕구도 혼란을 일으키는 또 하나의 방식이다. 대개 다른 사람을 기쁘게 하면 아주 기분 좋고 뿌듯하리라고 생각하기 쉽다. 거절하기 힘들어하거나 그리 친하지도 않은 사람의 욕구를 자신의 욕구보다 중요시하는 행동도 이런 생각에서 나온다. 하지만 알다시피 이런 혼란스러운 느낌은 최고의 자아에서 나오는 것이 아니며, 진정성에서 우러나오는 결정을 내리는 데 도움이 되지도 않는다.

⤓ 긍정적 포스: 명확한 목적

혼란스럽고 짓눌리는 느낌이 들 때는 목적을 명확히 해야 한다. 그러려면 호기심과 탐구 정신이 필요하다. 당장 다음 단계에 어떻게 할지 정하지 못하겠다면 목적이 불명확하기 때문이다. 최고의 자아가 어떤 기준에 맞춰 움직여야 할지 모르는 상태인 것이다.

알다시피 혼란은 목적이 없을 때만 존재할 수 있다. 바로 이때 당신만의 의사결정 팀이 엄청나게 유용해진다. 의사결정 팀은 당신이 내리려는 결정과 관련된 경험이나 지혜가 있는 사람들, 목적에 맞게 행동 방향을 조정하도록 도와줄 사람들로 구성되기 때문이다. 일단 목적이 정해지면 방향이 명확해지므로 더 이상 혼란스럽지 않다.

나 역시 인생의 다양한 시점에서 일과 관련된 혼란을 여러 번 느꼈다. 이런 일은 목적에 집중하는 대신 나를 좋아하는 사람들이나 중요하지 않은 표면적 동기에 치중할 때 주로 일어난다. 내 목적은 사랑받는 것이 아니라 다른 사람들을 돕는 것이다. 새로운 시도를 하거나 프로젝트를 시작할 때 목적이 아닌 결과에만 시선을 고정하면 꼭 한 번씩 혼란에 빠지고 만다. 누구나 가끔 이런 일을 겪는다. 하지만 시간을 내어 자신이 어떤 사람인지 상기하고 최고의 자아로 돌아오면 다시 궤도에 오를 수 있다.

기쁨이나 행복을 느낄 수 없는 일을 시작하면 삶은 정말로 혼란스러워질 수 있다. 회사원이라면 그저 출퇴근 카드나 찍으러 직장에 다니는 느낌이 들 수도 있다. 생산적일 수는 있지만 성취감은 없을 것이고, 불안정한 상태가 된다. 이런 일은 인간관계에서도 일어난다. 예를 들어 의미 있고 사랑 넘치는 관계를 맺겠다는 목적에 어긋나는 불건전한 관계를 맺고 있으면 마음이 무거워질 수 있다. 충만한 관계를 원하는 마음과 현실이 상반되기 때문이다. 따라서 마음이 답답해지고 어떻게 해야 할지 모르는 혼란에 빠진다. 하지만 이런 일을 기회삼아 목적을 명확히 하겠다고 결심하면 자신이 더 나은 상황을 누릴 자격이 있다는 사실을 깨닫게 된다. 그러면 커플 상담, 선 긋기, 이별, 이혼, 접근금지 명령 등의 조치가 가능해진다. 어떤 결정이든 목적에 더 가까워질 수 있는 결정이다. 너무 오래 안주하면 혼란이 발생한다.

사회적 삶에서도 혼란은 현실적인 문제를 일으킬 수 있다. 당신의 목적이 친구들과 친분을 쌓는 것이라고 해보자. 술집에 갔더니 모두가 취해 있다. 당신은 술을 마시지 않고, 친구들처럼 술을 잔뜩 마시는 파티를 하고 싶지 않다. 그렇다면 당신이 그곳에 있는 목적은 무엇인가? 물론 친구들과 어울리며 시간을 보낼 수도 있다. 취한 친구들과 어울리지 말라는 말이 아니다. 내 생각에 이런 상황은 혼란의 이유를 깨닫는 계기가 된다. 혼자만 따로 노는 느낌이나 사람들 시선을 의식하는 데서 벗어나는 좋은 방법은 목적을 재확인하는 것이다. 하던 일을 멈추고 "내가 왜 여기 있지?"라는 질문에 답함으로써 그 상황에서 최고의 자아로서 존재하도록 해보라. 자신이 속한 집단의 구성원들과 목적을 공유하지 못할 때는 혼란스러운 느낌이 들 수 있다. 인생에 큰 변화가 생기면 목적도 변한다. 이때 우리가 할 일은 삶의 모든 영역에서 목적에 맞게 살아가는 것이다.

그런가 하면 주변에서 예상치 못한 변화가 일어날 때도 혼란을 느낄 수 있다. 우리는 어떤 일이 일어날지 전부 예측할 수 없다. 이 글을 쓰는 지금도 코로나 19의 창궐로 전 세계가 혼란의 도가니에 빠져 있으니 말이다. 내 의뢰인 중에도 삶이 완전히 뒤바뀌어 걷잡을 수 없는 혼란을 느끼는 사람들이 많다. 하지만 주변 상황이 변한다고 해서 당신의 본질까지 변하는 것은 아니다. 당신은 사건을 통제할 수 없지만 그에 대한 반응을 정할 수는 있다. 당신은 삶의 방식을 바꿔야 할 수도 있고 그에 따라 소통하는 방식마저 바꿔야 할 수도 있다. 하지만 그 때문에 최고의 자아가 변하지는 않는다.

"주변 상황이 변하더라도
당신의 본질은 변하지 않는다"

나 역시 살아오면서 많은 변화를 겪었고 그만큼 혼란도 겪었다.

대중 강연이라는 영역에서 한창 변화와 혼란을 겪던 나는 드디어 대중 강연을 즐기기 시작했다. 대중이 나의 메시지를 이해하는 것은 매우 새롭고 보람 있는 일이었다. 하지만 코로나19가 세계적으로 유행하는 상황에서 군이 많은 관객들을 모아 대중 강연을 할 필요는 없지 않은가. 여기서 나는 상황을 장애물로만 보고 갈팡질팡하는 대신 나의 목적으로 돌아왔다. 나에게는 그 어느 때보다도 사람들에게 도움이 될 메시지가 있었다. 그래서 나는 목적을 이룰 다른 방법을 찾기 시작했다. 지금은 온라인으로 의견을 나누며 함께 역량을 강화하는 공간과 페이스북 라이브 방송으로 활동 무대를 옮겼다. 금전적으로는 전혀 이득이 없지만 나는 이곳에서 여전히 사람들을 돕는다. 단지 방식만 조금 달라졌을 뿐이다.

우리 CAST 센터도 마찬가지로 달라졌다. 도움이 필요한 사람들을 도와준다는 본질은 그대로다. 단지 전략을 바꾸어야 했을 뿐이다. 그리고 이 변화는 실제로 훨씬 더 많은 사람들을 도울 수 있는 절호의 기회가 되었다. 사람들은 우리가 제공하는 온라인 서비스를 통해 집에서 편안하게 치료를 받을 수 있다. 전에는 전업주부나 어린 자녀를 둔 엄마들이 아이들만 집에 두고 치료받으러 올 수 없었지만 지금은 치료를 받을 수 있다. 하루 12시간씩 일하는 회사 임원들 역시 센터까지 올 필요 없이 집에서 치료받을 수 있다. 코로나19 사태에는 우리가 더 많은 사람을 돕고 사업을 확장할 기회가 있었다. 우리가 현재 상황에 이렇게 적응할 수 있었던 이유는 목적을 분명히 하고 기회를 발견하여 방향을 바꾸기로 결정했기 때문이다.

우리가 왜 재활 센터를 운영하는지, 내가 왜 대중과 만나는지, 그 목적을 분명히 하자 해결책과 선택지도 분명해졌다. 나의 목적은 나답게 존재하는 것, 그리고 다른 사람들도 자유를 되찾아 있는 그대로의 모습으로 살도록 돕는 것이다. 이런 마음으로 살면 모든 것이 더없이 명쾌해진다.

↓↑ 명확한 목적을 향한 오스틴의 여정

이번에는 최근에 만난 의뢰인의 사연을 통해 혼란이 어떻게 나타나는지 함께 알아보려 한다. 우리는 계속 생각해오던 것을 누군가에게 털어놓고 나서야 자신이 혼란에 빠졌다는 사실을 깨닫는 경우가 아주 많다. 생각을 글로 쓰거나 말해보면 한 걸음도 나아가지 못하고 같은 생각에만 빠져 있었다는 사실을 알게 된다.

나와 마주앉은 오스틴은 7년 동안 일한 직장 이야기를 시작했다. 이제 서른한 살인 오스틴은 앞으로의 행보를 결정하지 못한 채 이러지도 저러지도 못하고 있었다.

오스틴이 말을 꺼냈다.

"대학에선 일본어와 경영학을 공부했어요. 그때는 정말로 일본 문화와 애니메이션에 푹 빠져 있었죠. 일본으로 유학을 가고 싶었고, 어쩌면 거기서 국제적인 사업 기회를 발견할지도 모른다고 생각했어요. 이때 무엇과도 바꾸지 않을 멋진 경험들을 했지만 그대로 시들해져버렸죠. 대학을 졸업한 직후에 이 맞춤 가구 회사에서 일자리를 제의하기에 받아들였어요. 정말 좋은 직장이긴 한데 천직은 아니에요. 여기서 뭔가 변하지 않으면 점점 힘들어지겠다는 생각이 들기 시작해요. 하지만 이미 이 상황에서 벗어나기가 힘들어요."

나는 이렇게 물었다.

"언제부터 그런 느낌이 들었나요?"

그는 약간 멋쩍어하면서도 지체 없이 대답했다.

"스물네 살에 일을 시작했는데, 처음부터 이 길은 내 길이 아니란 걸 알고 있었어요."

그는 잠깐 멈추더니 숨을 고르고 다시 이유를 늘어놓기 시작했다.

"하지만 돈을 꽤 벌 수 있었고 자유롭게 일할 수 있었거든요. 여행도 많이 갈 수 있었고 월급도 꼬박꼬박 모았어요. 그런데 한 일 년 전인가, 뉴욕을 떠나서 캘리포니아로 가고 싶어졌어요. 그 날씨가 너무 그리웠고 가족들도 보고 싶었거든요. 그래서 회사에서는 로스앤젤레스에 자리를 마련해줬어요."

"스물네 살에서 서른 살까지, 6년 동안 '그래, 이게 내 길이야' 라는 생각이 단 한 번도 안 들었어요?"

"그런 생각은 한 번도 안 해봤어요. 좋은 경험이라고 느끼기는 했죠. 돈도 많이 받았고, 전 세계를 여행할 수도 있었으니까요. 그냥 물살에 몸을 맡기면 되니까 솔직히 편했어요, 얼마 동안은요."

오스틴은 눈을 게슴츠레하게 뜨고 먼 곳을 보며 생각에 잠긴 듯했다.

"그럼 당신이 왜 안주했다고 생각하죠?"

"좋은 질문이네요. 난 늘 진로를 고민했어요. 나는 뭘 하고 싶은 걸까? 깊은 내면에서 원하는 열정적인 꿈, 그런 것 말이에요. 그런데 가끔은 '지금 하는 일은 해낼 수 있잖아'라고 말하는 편이 쉬워요."

나는 이렇게 물었다.

"오스틴, 당신에게 일은 어떤 의미인가요? 직업이 있다는 건 무슨 의미죠?"

"음, 일하면서 시간을 많이 보내죠. 뭐 그 정도……."

오스틴의 목소리가 점점 기어들어갔다.

나는 상체를 약간 앞으로 숙여 앉았다.

"당신에게 목적은 중요하지 않은가요?"

"아, 아니에요. 목적은 정말 중요해요."

"그런데 7년이나 일하면서 딱히 목적이 없었다고 했죠. 그럼 변화하는 데 시간과 에너지를 얼마나 투자할 수 있겠어요?"

"이 일이 손이 좀 많이 가는 일이라 지금까지는 변화를 시도하기 힘들었어요. 그리고 난 여가 시간에 빨래도 해야 하고 운동을 하거나 사람 만나는 걸 좋아해서 사실 남는 에너지가 거의 없거든요. 새 일을 찾는 데 시간이 얼마나 필요한지, 지금 하는 일을 해내는 데 노력이 얼마나 필요한지 계산하려고 하고 있⋯⋯."

나는 말을 자르고 끼어들었다.

"'지금 직업은 별로 마음에 안 들지만 친구들과 어울릴 시간도 필요해'라는 말이네요. 맞나요?"

오스틴은 고개를 끄덕였다.

"네."

"그리고 당신을 방해하는 건⋯⋯ 머릿속에서 계속 어떤 생각들이 떠오르나요?"

"아마 약간의 두려움일 거예요. 게으른 것 같진 않지만, 가끔은 의욕이 없어요."

내가 물었다.

"그냥 일 자체를 안 하고 싶은 건 아닐까요?"

그는 재빨리 대답했다.

"그건 아니에요. 즐겁게 열정과 에너지를 집중할 일을 하고 싶어요. 모든 걸 쏟을 수 있는 일이요. 무슨 말인지 알죠? 그런데 뭘 하고 싶은지를 확실히 몰라서 이러는 것 같아요."

"그럼 '뭘 하고 싶은지 모르겠어. 알 때까지 결정을 못하겠어' 이런 말인가요?"

"꽤 정확하네요."

오스틴은 이렇게 말하고 나서 잠깐 생각하더니 다시 말했다.

"항상 비행기와 관련 있는 일을 하고 싶었어요. 하지만 그 길을 가본 적은 없었죠."

"당신은 이 일을 7년 동안 해왔어요. 지금 서른한 살이니까 인생의 23퍼센트를 일하면서 보냈네요. 성인이 된 후의 삶으로 치면 절반을 썩 만족스럽지 못한 일을 하면서 살아온 셈이에요."

잠깐의 침묵 후에 그가 대답했다.

"정말 그러네요."

"내 생각에 당신은 머릿속으로 이런 이야기를 되뇔 것 같아요. 새로운 것을 배우지 않는 이유, 영화를 한 편 보는 대신 토요일 밤마다 놀러 나가는 이유에 대해서요. 밤에 놀러 다니는 것과 영화는 둘 다 즐거운 일이지만 하나는 그냥 재미있기만 하고 다른 하나는 새로운 아이디어와 가능성을 제공하죠. 내가 보기에 당신은 '일은 일일 뿐이야'라는 습관적인 생각에 빠져 있고 일과 삶을 적절히 조화시킨 적이 없는 것 같아요."

"맞아요. 일과 생활이 분리되어 있어요."

"일과 삶이 분리되어 있다는 사람들이 많아요. 이런 사람들은 일 이야기를 싫어하고 출근할 때는 '어휴, 일하러 가야지'라고 말하죠."

"일을 좋아하지 않는 사람들이 하는 말이죠."

"그래요. 그런데 일과 생활이 적당히 어우러진 사람들도 있거든요. 삶이 일에 영감을 주고, 일이 삶에 영감을 주는 거예요. 이런 관계도 있죠."

오스틴이 처음으로 눈을 반짝이며 말했다.

"내가 원하는 게 바로 그거예요."

"그럼 어떻게 하면 될까요?"

그는 바로 대답했다.

"꿈꾸는 일로 이직하는 과정을 알려주는 안내서가 있으면 정말 도움이 될 텐데요. 뭘 해야 하는지……."

내가 끼어들었다.

"그런데, 들어봐요. 나는 꿈꾸던 직업에 거의 17년이나 종사하면서 다른 일들도 많이 해왔어요. 여정 자체가 목적지였죠. '내가 해냈어. 드디어 이 직업을 얻었어!', 이런 게 아니에요."

"난 관심사가 아주 많아요. 지리학, 지도, 문화, 언어, 여행 같은 것에 푹 빠져 있거든요. 이것도 방해가 되는 것 같아요. 다 늘어놓고 보면 혼란스럽거든요."

"당신이 일본어를 배웠고 그와 관련된 일을 할 거라는 하나의 시나리오가 있기 때문이에요. 뭔가를 하는 데 시간과 에너지를 많이 들였다고 생각해서……."

오스틴이 끼어들더니 아주 빠르게 말했다.

"다시 학교에 다닐 수도 있겠지만 그러려면 대출을 받아야 하고 사람들과 어울리는 생활도 끝이에요. 이런 생각들을 하는 거죠. 어쩌면 그냥 저질러야 하는지도 몰라요. 모르겠어요."

"당신 스스로 옭아매는 것처럼 보이네요."

오스틴은 자신을 손으로 가리키고 열심히 고개를 끄덕이며 말했다.

"가끔은 정말로 꼼짝도 못하겠다는 느낌이 들어요. 정말로요. 옭아맨다, 딱 맞는 표현이네요."

내가 물었다.

"전에도 이렇게 결정을 못 내린 적이 있나요?"

"네. 이 정도까진 아니지만요. 전에는 모든 일이 이렇게 무겁고 돌이킬 수 없는 느낌이 아니었는데. 지금만큼 책임감이 투철하지 않았어요."

"결정을 못 내리고 있을 때 어떤 기분인가요?"

그는 신중히 대답을 생각하는 듯했다.

"달라지기 위해 뭘 해야 할지 알았으면 좋겠어요."

"우울한가요?"

"네. 약간요. 작년에는 분명히 우울증이었어요. 그땐 '와, 우울증이 이런 거구나'라고 생각했어요."

나는 덧붙여 물었다.

"약은 먹어봤나요?"

"아뇨. 아직 약을 먹을 생각은 없어요. 약을 먹지 않고 벗어날 방법이 있다고 생각해요. 마비된 것처럼 느끼지 않고 실제로 뭔가 하고 싶도록 의욕을 불어넣는 약이 있다면 모를까."

"내가 보기에 당신이 말하는 '다음 직업으로 인도하는 안내서'는 목적과 의미로 인도하는 안내서인 것 같군요. 목적과 의미를 찾아야 새 직업이 나타나겠죠. 당신의 뇌가 기회에 열려 있지 않으면 당신도 기회를 보지 못해요. 기회는 주변에 널려 있어요. 지금 당신은 그걸 볼 수 없지만요."

내 말에 수긍하며 그가 말했다.

"맞아요."

"거절이 무서운가요? 아니면 당신이 해내지 못할까 봐, 새로운 직업을 가질 자격이 없을까 봐 겁이 나나요?"

오스틴은 살짝 고개를 저었다.

"나는 그럴 만한 자격이 있다고 생각해요. 가끔 역량이 부족하다고 느낄 때도 있죠. 하지만 스스로 '정말로 네가 충분한 능력이 없다고 생각해?'라고 묻는다면, 그건 아니에요. 그렇게 생각하지는 않아요."

내가 지적했다.

"하지만 당신은 그렇게 생각하는 것처럼 행동하고 있어요."

"네."

"내가 볼 때 당신은 핑계를 대면서 원하는 걸 얻는 상황을 피하는 것 같아요. 삶의 의미와 목적을 구하고 천직을 찾지 못하는 게 빨래 때문이라니, 그건 좀 아니잖아요!"

우리는 함께 웃음을 터뜨렸다.

나는 계속 말했다.

"빨래든 운동이든, 어떤 핑계든 다 아니에요! 정말로 목적과 의미가 삶에 녹아들게 하고 직업적으로 영감을 얻고 싶다면 결정을 내려야 해요. 당신은 이런 단계 혹은 저런 과정이 있어야 한다고 생각해요. 하지만 그렇게 했는데도 딱히 원하는 결과를 얻지 못했어요. 그렇죠?"

"맞아요."

"그건 당신이 만들어낸 믿음이에요. 내 직업은 정해진 명칭도 없어요. 지금은 인생 코치, 그 전에는 개입 전문가였고, 그 전에는 상담가였어요. 난 재활 센터도 하나 갖고 있고, 팝스타들의 결별이나 연애 문제에 도움을 줘요. 엄청 다양한 일을 하죠?"

고개를 끄덕이는 오스틴을 보며 나는 말을 이었다.

"나는 자살하고 싶다는 사람부터 더 좋은 직업을 갖고 싶다는 사람까지 다양하게 만나봤어요. 내가 자격이 없다든지, 충분히 훈련받지 않았다든지, 임상심리학 박사학위가 없다든지 하는 생각들을 믿는다면 이렇게 일하고 있지 않을 거예요. 그 이야기들을 믿고 있겠죠. 마찬가지로 당신도 사실이 아닌 이야기들을 하고 있어요. '네, 하지만…… 난 충분한 자격이 없어요. 네, 하지만…… 난 그 업계에서 일해본 적이 없어요. 네, 하지만…… 다시 대학생이 돼야 한다는 말이네요' 이렇게 말하면서요. 아직 해본 적도 없잖아요."

"맞는 말이네요."

"당신은 직업을 하나의 이야기로 보는 것 같아요. '꿈의 직업'을 가져야 하고 그러려면 '안내서'가 있어야 한다는 이야기를 만들어서 믿고 있어요. 그러니 이번에는 실현할 수 있는 새로운 이야기를 만들어야겠어요."

그는 내 말을 이해한 듯 고개를 끄덕였다.

"내 친구는 수의사가 꿈이었어요. 실제로 수의사가 되었고, 그 다음에는 변호사가 되었고, 지금은 UCLA에서 중독을 연구하는 교수예요."

"나도 항상 그런 식이었어요."

"하지만 재미있죠! 좋은 일이잖아요. 그럼 어떻게 하면 핑계를 추진력으로 바꿀 수 있을까요? 자주 생각하는 핑계거리 하나만 말해봐요."

"피곤해요. 운동하고, 빨래하고, 제대로 챙겨 먹느라고요. 이런 일들에 에너지가 분산돼요. 이런 일들을 하고 나면 에너지가 남아 있지 않아요."

"그럼 헬스장에서 운동하는 게 천직 찾기보다 더 중요한가요?"

오스틴은 약간 괴로워 보이는 얼굴로 대답했다.

"아마 그랬던 것 같아요. 그렇죠."

"지금부터 1년 후로 가볼까요. 오늘, 이 시각으로. 당신은 지금과 같거나 더 나쁜 상태일 수 있어요."

"그러고 싶지는 않아요."

"하지만 당신은 필요한 일들을 하고 싶지 않다고 해요. 당신의 가장 큰 문제는 직업적 목적의식이 부족하다는 점이에요. 당신은 더 궁금해할 필요가 있어요. 다른 직업, 다른 진로에 대해 물어보기도 하고요. '어떻게 그렇게 하셨어요? 그건 어떤 일인가요? 그 일이 마음에 드세요?' 이렇게 말이에요. 친구들과의 대화도 질문할 기회예요. 지금 당신은 정석적인 경로만 생각하는데 그건 정말 별로예요. 장애물을 극복하려는 목적보다도 그 장애물 자체를 더 많이 생각하고 있으니까요."

우리는 함께 웃었다. 오스틴이 말했다.

"그 말이 맞아요."

"알다시피 당신의 뇌는 답을 알고 있어요. 아까 얘기한 안내서는 이미 당신 안에 있어요. 지금까지는 '모르겠어요. 너무 늦었어요. 어떻게 하는지 모르겠어요'라는 말이 거의 습관이었죠. 이제 우리는 당신 뇌에 새로운 신경 회로를 만들어야 해요. 당신을 불타오르게 할 만한 게 뭘까요?"

"기회를 찾기 시작해야겠어요."

"좋아요, 당신은 기회를 '만들' 거예요. 태도를 바꾸고 의욕이 솟게 하려면 이번 주에는 뭘 할 수 있을까요? 당신다운 일, 좋아하는 일들의 흐름을 탈 수 있도록 재충전하는 데 뭐가 필요하죠?"

"어렵네요. 하이킹이나 해변에 놀러가는 걸 좋아하긴 하는데 거기서 의욕이 생길지는 모르겠어요. 늘 하는 일이고, 지금 나는 어느 때보다도 혼란스러운 상태여서요."

"시각이 달라질 거예요. 하이킹할 때는 당신이 얼마나 창조적이고 탁월한 사람인지 생각하지 않잖아요. '저 나무 좀 봐. 딱 삼각 구도네. 이따가 그려봐야지', 이런 생각을 하겠죠. 목적을 찾으려면 현재 상황에만 집중할 필요가 없어요. 열정에 집중하는 거예요."

이때 우리가 앉아 있던 곳은 내가 열과 성을 다해 꾸민 공간, 우리 집 거실이었다. 그래서 나는 주변을 향해 손짓하며 말했다.

"지금 우리는 여기 있죠. 우리 집에요. 주위를 둘러봐요. 여기서 당신에게 영감을 주거나 열정을 이끌어낼 수 있는 건 뭘까요?"

"사실 이 집 디자인, 가구, 마감, 미술품 같은 것들이 마음에 꼭 들어요. 정말 나에게 영감을 주는 공간이에요. 나도 이런 공간을 만들어낼 돈이 있으면 좋겠어요."

"그래요. 그만한 돈을 버는 게 가능하다고 믿는다면 당신도 할 수 있어요."

"가능하다고 믿기는 하지만 내가 그럴 수 있는지는 모르겠어요."

"헷갈리죠? 할 수 있을 것 같으면서도 안 될 것 같고."

"맞아요. 마음 한구석에선 나에게 영감을 주고 의욕을 북돋아주는 것이 뭐냐는 질문에 대답할 수 없다는 생각이 들어요. 뭔가를 파내려고 했지만 빈손으로 돌아온 느낌이에요."

"약간 우울한 것 같군요."

오스틴은 "그럴지도 몰라요"라고 대답하고 잠깐 침묵한 후 다시 말했다.

"심리 검사를 받는 것도 괜찮겠네요."

"심리 치료를 받아본 적이 있나요?"

"아뇨."

"한 번도요? 이런, 그 좋은 걸. 심리 치료는 정말 최고예요."

"사실 그건 새해 다짐 중 하나였어요. 심리 치료를 받고, 내가 왜 이렇게 우유부단하게 살고 있는지, 내 발목을 잡는 게 뭔지 조금이라도 분명히 알고 싶었어요. 정말이지 딱 꼬집어 말할 수가 없어요."

내가 말했다.

"사실 그거야말로 당신이 내려야 할 결정인 것 같아요."

"심리 치료를 시작하는 것 말이에요?"

"네."

오스틴은 잠깐 생각한 후 말했다.

"확실히 좋은 출발점이긴 하네요."

"치료를 시작하면 좋은 점이 아주 많을 거예요. 그에 비하면 나는 코치에 가까운 편이니까요. '자, 다음 단계는 뭔가요? 갑시다!', 이런 식이죠. 하지만 사실 나도 당신의 가장 큰 문제가 직업이라고 생각하지는 않아요."

오스틴은 천천히 고개를 끄덕이고 앉은 채로 몸을 약간 움직이더니 말했다.

"맞아요. 그건 아닐 거예요."

"난 그저 당신이 불행하다고 생각해요."

"네, 맞아요."

"그럼 결정을 내렸네요. 안내서의 첫 장을 편 셈이에요. 다음엔 어디로 갈지 기대돼요."

오스틴이 대답했다.

"저도요."

오스틴이 얼마나 혼란에 빠져 있는지 보았는가? 열정과 영감에 대해 말하기 시작해서 목적의식으로 주제를 넓힐 때마다 그는 계속 절차와 과정 이야기로 돌아갔다. 오스틴은 과정에 집중해야 한다고 생각했지만 그 절차가 뭔지, 어떤 단계를 밟아야 할지 결코 알 수 없었다. 그래서 자기 자신과 자신의 능력에 대한 부정적 생각으로 돌아갔고, 같은 생각만 반복하면서 한자리에서 맴돌았다. 오스틴은 혼란에 빠져 늘 장애물에만 초점을 맞추었다. 대화를 나누면서, 그가 해야 할 일을 해내고 약간의 우울함을 해결하고 나면 목적을 명확히 보기 쉬워질 것이라는 사실이 점점 분명해졌다. 하지만 그것은 오스틴이 혼란스러운 상태를 있는 그대로 이야기하고 알아차림으로써 가능했다.

우리가 대화를 나눈 지 불과 몇 주 후에, 오스틴은 CAST 센터에 와서 우울하고 불안한 마음에 조치를 취하기 시작했다. 일단 우울함이 어디서 오는지 파악하고 우울한 감정을 다스리는 몇 가지 방법을 알게 되자 안개가 걷히기 시작했다. 오스틴은 일과 삶이 완전히 분리될 필요가 없다는 사실을 깨달았다. 그리고 스스로 열정을 충분히 탐색하도록 허용했다. 그는 최선의 자아로 살기 시작했다. 그러자 우울과 혼란 속에서 결정을 내리는 대신 최고의 자아로서 결정하는 일이 천천히 늘어나기 시작했다.

이때 우주가 오스틴에게 예상치 못한 카드를 내밀었다. 가끔 이런 일이 있지 않은가. 오스틴은 직장에서 잘렸다. 하지만 그는 흔히들 그러듯 이 일을 장애물로 보는 대신 소식을 듣자마자 절호의 기회라고 생각했다. 이 일이야말로 진정한 삶의 목적을 탐색하고 명확하게 발견할 기회라고 말이다. 그는 이때가 재창조 시점임을 알았다. 어린 시절부터 비행기에 매혹되었던 그는 비행기와 관련된 일을 시작하기에 너무 늦었다고 오랫동안 생각하며 살았다. 하지만 인생을 새롭게 바라보자, 이제 그런 이야기를 멈추고 목적에 맞는 삶을 향해 현실적인 단계를 밟을 때라는 생각이 들었다. 내가 이 글을 쓰는 지금, 오스틴은 비행기 조종사가 되기 위해 노력하고 있다. 이보다 기쁜 일은 없을 것이다.

우울증 치료로 혼란을 줄이기

오스틴처럼 우울이나 불안이 문제되는 경우에는 문제를 직면하고 대처함으로써 시야가 전과 비교할 수 없을 정도로 밝아질 수 있다. 치료를 알아보는 것 자체가 더 나은 삶으로 이어질 하나의 결정일지도 모른다. 계속 혼란을 일으키던 정신적 장애물을 제거하는 데 도움이 될 수 있기 때문이다. 우울증이라는 난관을 뛰어넘을 필요가 없어지면 목적에 더 가까이 다가갈 수 있을 것이다.

이번에는 불명확한 목적과 명확한 목적을 비교하며 질문에 답해보자. 어떤 영역에서든 조금이라도 혼란을 느끼는가? 이 질문에 대한 답을 쓰기 전에 우선 생각해보라.

불명확한 목적	명확한 목적
• 무력감, 압도감이 들 때까지 상황에 대해 과하게 생각하기 • 결정을 내리거나 행동에 나서지 않기 • 너무 많은 의견을 살펴보기, 직감 잃기 • 지나치게 의존하는 관계 만들기 • 비위 맞추기	• 자신이 내린 결정의 이유에 대해 생각하기 • 모든 결정이 반드시 '인생의 궁극적 목적'과 관련 있는 것은 아니고, 그저 상황에 맞는 역할이 필요할 때도 있다는 사실 알기 • 어떤 상황에서든 자신의 목적을 이해하고 발견하기 • 목적을 재조정하도록 도와주는 의사결정 팀과 협력하기

↓↑ 혼란의 토네이도

나는 얼마 전 에이미라는 친구와 저녁을 먹으러 외출했다. 혼자서 아들을 키우는 에이미는 아이와 관련하여 꽤 중요한 결정을 내리려고 애쓰고 있었다. 아이의 학교생활은 순탄치 않았다. 그녀는 학교 측과 문제를 해결하려고 노력했지만 이미 진 싸움이라는 느낌이 들었다. 그런 환경에서는 아이가 학교생활을 잘 해낼 수 없을 것이 뻔했다. 에이미는 아이를 전학시키거나 홈스쿨

링을 하고 싶다고 했다. 이 이야기가 나왔을 때, 희한하게도 그녀는 태도가 완전히 달라졌다. 상황에 대해 자세한 이야기를 마칠 때쯤에는 무언가에 저항하듯 식탁을 꽉 붙들고 매달리다시피 한 상태였다. 내가 그 모습을 언급하며 물었다.

"지금 온 힘을 다해 버티고 있는 것 같은데, 괜찮아요?"

에이미는 손등에 핏줄이 불거져 나올 정도로 긴장으로 뻣뻣해진 상체를 내려다보더니 피식 웃으며 말했다.

"지난번엔 운전대를 너무 꽉 잡는 바람에 손가락에 감각이 없었다니까요. 토네이도에 날아가버릴 것 같은 느낌이에요."

나는 에이미가 토네이도 다발 지역의 중심인 오클라호마에서 자랐다는 사실을 알고 있었다. 그래서 그녀의 머릿속에서 무슨 일이 일어나는지 알아보는 데 이 토네이도 비유가 적절하겠다는 생각이 떠올랐다. 나는 그녀에게 물었다.

"펜과 종이 있어요?"

에이미가 가방을 뒤져 펜과 종이를 꺼내 나에게 주려고 했다. 내가 말했다.

"가지고 있어요. 내가 말하는 대로 해봐요."

그녀는 의심에 찬 눈빛으로 대답했다.

"그래요……."

"중요한 결정을 할 때마다 버텨내야 했던 거대한 회오리바람에 대해 생각해요. 그리고 결정을 내리려고 애쓸 때마다 머릿속에서 가장 강력하게 휘몰아치던 단어나 문구를 적어봐요."

에이미는 펜으로 입술을 톡톡 치더니 뭔가를 써내려간 다음 나에게 읽어주었다.

"아이의 미래, 우리 엄마의 의견, 생활방식의 변화, 내가 틀렸으면 어쩌지, 나쁜 엄마, 돈."

다 들은 후에 내가 말했다.

"목록을 한번 봐요. 어떤 기분이 들어요?"

"확실히 불안해져요. 이런 생각들이 빠르게 떠오르면서 계속 맴돌아요. 심장은 쿵쾅거리고요. 가끔은 가슴이 울렁거리고 심장이 멋대로 날뛰는 것 같아요."

"그게 어느 쪽으로든 결정을 내리는 데 도움이 될까요?"

그녀는 고개를 저으며 눈을 위로 치떴다.

"좋은 결정을 내리지는 못하겠죠. 그건 확실해요. 하지만 생각을 정리할 수가 없는걸요. 혼란스러워서 정신이 아득해져요."

"그래요. 머릿속에서 다 같이 동시에 떠들어대는 회의라도 열린 것 같겠죠."

에이미는 고개를 끄덕이고 미소를 지었다. 나는 계속해서 말했다.

"당신은 그 사이를 돌아다니고 있고요."

"네. 많은 사람과 이야기해봤어요, 마이크. 말 그대로 주변의 모든 사람에게 이 문제에 대해 조언을 구했어요. 전문가도 만나고, 그다음엔 더 많은 전문가를 만나고, 페이스북 그룹에도 물어 봤어요. 안 물어본 사람이 없어요. 그런데 전부 생각이 달라요. 도무지 의견이 모이질 않아요. 이젠 그 의견들이 혼란 속에서 소용돌이치고 있어요."

"좋아요. 하지만 이야기를 나눠본 사람들 중에 당신과 아이에 대해 아는 사람이 있나요? 혹시 교육 쪽 전문가는요?"

에이미는 생각에 잠겼다. 머릿속으로 그들을 쭉 떠올리는 듯 했다.

"글쎄요. 그런 사람은 없네요. 나만 알거나, 아이만 알거나, 아니면 홈스쿨링이나 사립학교에 대해 잘 아는 사람들이에요."

"알겠어요. 내 생각에 우선 당신에게 도움이 될 일은 그 애를 평가하고 가장 알맞은 학교 유형에 대해 조언해줄 수 있는 아동 심리학자 같은 사람과 이야기하는 거예요. 다른 사람들의 너무 많은 의견은 더 혼란스럽게만 하는 것 같거든요. 어때요?"

"맞아요. 좋은 생각이에요."

"그런데 이것도 좀 물어볼게요. 당신이 이 결정을 내리는 목적은 뭔가요? 아이에게 학교 교육을 시키는 목적은요?"

"흐음…… 정작 내 목적은 잊었네요. 무슨 말이냐면, 아이에게 가장 올바른 일을 해주고 싶은 건 분명해요. 그런데 내가 교육 자 역할을 맡아야 할지, 그게 어떤 삶일지 계속 고민이 돼요. 일을 해야 하는데 어떻게 교육까지 하겠어요? 그리고 뭘 선택하든 그게 아이에게 좋은 일인지 어떻게 확실히 아나요? 어떻게 해야 할지 모르겠어요."

"아이 교육 문제에서 당신의 목적이 뭔지 생각해보고, 그때 떠오르는 단어나 문구를 세 개 써봐요."

에이미는 뭔가를 쓰고, 잠깐 멈췄다가 다시 쓰고, 또 멈췄다가 다시 썼다. 그런 다음 종이를 들고 소리 내어 읽었다.

"엄마가 귀 기울여 듣고 있다고 느끼게 해주기, 배움의 즐거움을 알려주기, 함께 인생을 즐기기."

에이미는 깊은 한숨을 내쉬었다.

"이제 어떤 기분이에요?"

내가 물었다.

"나아졌어요. 훨씬 기분이 좋아요. 상황이 더 간단해 보여요."

"와글와글 떠드는 목소리보다 이런 생각에 집중하면 결정 내리기가 더 쉬워질까요?"

"네, 정말 그래요. 가장 큰 목적을 못 보고 있었던 것 같아요. 아이에게 가장 해주고 싶었던 일들 말이에요. 제각각인 의견들에 갇혀 있었어요."

"이제 토네이도처럼 맴돌던 단어들을 다시 봐요. 어떤 느낌인가요?"

"사실 그렇게 나쁜 기분은 아니에요. 멀리서 구경하는 느낌이랄까요. 아직 그런 감정이 있기는 한데 나에게 영향을 미치지 못하는 것 같아요. 그게 말이 된다면 말이에요. 전처럼 위협받는 느낌은 아니에요."

"이젠 토네이도에 곧 날아갈 것처럼 식탁에 매달려 있지도 않네요. 장족의 발전이에요."

이 말에 우리는 함께 웃음을 터뜨렸다.

⋎ 불명확한 목적에서 명확한 목적으로 옮겨가기

결정을 내려야 할 때 혼란을 느끼는가? 가장 개선하고 싶은 영역에서 혼란스러워 결정을 내리지 못하고 있는가? 목적이 불명확한 경우와 명확한 경우의 실제 사례를 정리한 다음 표를 살펴보자.

불명확한 목적	명확한 목적
나는 '올바른' 결정을 내려야 해. 그러지 않으면 후회할 거야.	옳고 그른 건 없어. 잘 맞느냐 안 맞느냐의 문제일 뿐이야. 나는 결과가 아니라 목적에 집중할 거고, 결과는 하늘에 맡길래.
모두 다른 이야기를 하네. 어떻게 결정해야 할지 모르겠어.	의사결정 팀 중 누군가에게 내 목적을 재확인하게 해달라고 부탁해야겠다. 그리고 그 목적에 맞게 행동하도록 도와달라고 해야지.
내가 왜 아직도 이걸 하고 있지? 어떻게 해야 할지 모르겠고 의욕도 없어.	나는 내가 어떤 사람인지 알아. 이런 나의 본모습이 이끄는 대로 따르고 의욕을 낼 거야.

연습하기

이번에는 당신이 내려야 하는 결정, 내릴 수 있는 결정에 대해 생각해보라. '불명확한 목적' 칸에는 목적이 불명확한 상태에서 결정을 내리려 할 때 느끼는 혼란, 그런 감정이 담긴 생각에 대해 자유롭게 써보라. 그다음에는 당신 자신의 참모습과 본래 목적으로 돌아오기 위해 할 수 있는 일들을 생각해보고, 그것을 '명확한 목적' 칸에 써보라.

불명확한 목적	명확한 목적

이번에는 혼란에 빠져 볼 수 없었지만 목적이 명확해진 상태에서 보이기 시작하는 기회들에 대해 써보라.

_____

_____

_____

_____

_____

_____

마지막으로, 목적을 명확히 하고 기회에 집중한 상태에서 어떤 식으로든 더 나은 삶으로 이어질 결정을 내려보자. 어떤 결정을 내릴 수 있을까?

_____

_____

_____

_____

_____

_____

_____

⊥ 혼란에서 목적으로

자신이 왜 그곳에 있는지, 즐겁지 않은 일을 왜 하는지 모르겠다고 느낄 때, 다시 영감을 받고자 할 때, 아니면 그저 앞으로 나아가려면 어떻게 해야 할지 혼란스러울 때가 있다. 이때 혼란을 걷어낼 수 있는 치료약은 바로 목적을 명확히 하는 것이다.

지금부터는 포스의 마지막 철자인 E가 의미하는 것에 대해 알아본다. 다음 장의 내용은 사실에 접근하려 할 때 감정이 어떻게 방해될 수 있는지 깨닫는 데 도움이 될 것이다. 자, 그럼 다음 장으로 출발!

CHAPTER
9

감정적 추론 vs. 증거 기반 추론

감정은 엄청나게 강력할 수 있다. 불안 발작에 시달려 쇠약해지거나, 분노로 이성을 잃거나, 밀려오는 슬픔에 무너진 경험이 있다면 이 말의 뜻을 알 것이다. 이와 반대로 구름 속을 떠다니는 듯한 기쁨을 느끼거나, 눈물이 나올 정도로 감동하거나 웃어댄 적이 있다면 그때 역시 감정의 힘을 느꼈을 것이다. 인간은 매우 감정적인 존재다. 우리가 이렇게 진화한 데는 많은 이유가 있다. 우리는 감정을 통해 관계를 맺고 공동체를 이루며 살아간다. 감정은 사회적 목적을 달성하도록 도와주고 새로운 해결책이나 기술을 개발하도록 밀어붙이기도 하며, 우리를 보호하고 의욕을 북돋아주기도 한다. 하지만 지나친 감정은 비합리적이고 진실하지 못한 결정을 내리는 원인이 될 수 있고, 이런 결정은 주변 사람들과 우리 자신에게 해를 끼칠 수 있다.

"의사결정에서 중요한 것은
감정의 균형이다"

우리가 '진실이라고 느끼는 것'과 '진실'의 차이를 잘 구분하지 못할 때 균형을 잃었다고 할 수 있다. 느낌을 바탕으로 결정하는 과정에는 감정적 추론이 사용되고, 믿을 수 있는 실질적 증거를 바탕으로 결정하는 과정에는 증거 기반 추론이 사용된다. 감정을 바탕으로 추론할 때는 감정이 사실이라고 믿는 것이다. 증거를 바탕으로 추론할 때는 감정을 배제하고 주로 증거에 의존하여 결정을 내릴 수 있다. 이렇게 하면 일시적인 감정에 의존하여 최선이 아닌 선택을 내리는 일을 피할 수 있다.

주로 느낌이 이끄는 대로 살아왔다면 감정적 추론에서 증거 기반 추론으로 처음 옮겨갈 때 힘들 수도 있다. 하지만 이 변화는 믿기 어려울 정도로 높은 가치가 있다. 인생의 사건들에 수동적으로 반응하는 대신 감정을 스스로 이끌어낼 수 있게 되기 때문이다. 이번에는 또 누구에게 상처받을지, 하루하루 일어나는 일들에 지독하게 휘둘릴지, 아니면 더없는 행복과 성취감을 느끼게 될지 마음 졸일 필요가 없어진다. 이럴 때 행복은 외부가 아니라 내면에서, 최고의 자아에서 온다. 우리는 이러한 변화를 통해 힘을 얻는다. 그뿐만 아니라 감정을 뜻대로 다스릴 수 있고, 올바른 결정을 내린 다음 평온한 마음으로 결과에 연연하지 않을 수 있다.

그럴 기분이 아니야

우리는 자신이 편안하게 느끼는 범위를 벗어나 뭔가를 하도록 스스로 밀어붙일 때 한 인간으로서 훌쩍 성장하고 발전한다. 비록 '그럴 마음'이 들지 않더라도 말이다. 느낌이 이끄는 대로만 행동한다면 발전할 가능성이 매우 낮다. 따라서 "오늘은 이 책의 내용대로 안 할래. 그럴 기분이 아니야"라든가 "오늘은 운동 안 해야겠다. 그냥 그럴 기분이 아니야", "애들 점심 준비 안 할래. 그럴 기분이 아니야"라는 생각이 들면 자신이 희생하는 부분보다 감정이 더 중요한지 자문할 필요가 있다. 대개의 경우 어찌되든 그냥 해버리면 기분이 훨씬 나아진다. 자라면서 성장통을 겪듯 인간으로서 발전하는 과정에는 불편한 느낌이 따르기도 한다. 항상 느낌을 따를 수만은 없다. 사실로 돌아와야 한다.

✧ 로코의 감정적 결정

자신이 감정적 추론을 하고 있는지 알아차리기는 쉽지 않다. 특히 오랫동안 감정의 지휘에 따라 살아왔다면 그런 습관을 깨닫기가 꽤 어렵다. 다시 한 번 말하지만 감정적 추론에 익숙해져 있을 때는 감정과 사실을 혼동하기 마련이다. 느낌을 진짜라고 믿는 것이다. 하지만 행동의 동기를 하나하나 파고들면 왜 증거가 아니라 감정이 결정을 주도하게 되었는지 보이기 시작한다.

최근에 만난 의뢰인에게 바로 이런 일이 일어났다. 나와 로코는 일단 마주앉았지만 어떤 대화를 나누게 될지 전혀 알지 못했다. 로코는 자기계발에 관심이 많아서 오랫동안 많은 방법을 시도해왔다. 그래서 더 나은 사람이 되기 위해서라면 어떤 기회든 기꺼이 탐색할 의지가 있었다.

우리는 상담을 시작하기 전에 먼저 로코의 다양한 삶의 영역을 평가했다. 그는 대부분의 영역에 무난한 점수를 주었다. 더 좋아질 수 있지만 당장 달라질 필요는 없다는 의미의 점수였다. 하지만 '가족과의 관계' 항목에는 망설임 없이 1점을 주었다. 우리는 대화를 나누기 시작했다. 먼저 내가 물었다.

"가족과의 관계에서 왜 그렇게 낮은 점수를 줬어요? 누구 때문이죠?"

"어머니는 3년 전에 돌아가셨으니 사실 아버지와의 관계예요. 아버지는 몇 가지 문제가 있는데 나도 거기서 영향을 받는 것 같아요."

"알겠어요. 당신 정신 건강은 어때요?"

"9점이나 10점이요. 100퍼센트 좋아요. 물론 더 좋아질 수도 있죠."

로코는 자신에 찬 미소를 지으며 대답했다.

"정말 행복한가보군요. 아주 좋은 일이에요."

"네, 정말 그래요."

로코는 소파에서 약간 옮겨 앉았다.

"좋아요. 그럼 연애는요? 연애 생활은 어때요?"

"지금은 사귀는 사람이 없어요. 진지하게 만나던 사람이 있었는데 그냥 헤어졌어요. 이 영역에는 5점 줄래요. 이젠 위험 신호에 더 민감해졌고, 내가 원하는 활력소가 돼줄 사람들도 더 잘 보여요."

그는 분명 전에 이런 생각을 해본 듯했다.

"그동안 어떤 영역에서 썩 기분 좋지 않은 결정을 내렸다고 느끼나요?"

이 질문이 마음에 와닿았는지 로코의 말이 빨라졌다.

"인간관계에 관한 결정을 내릴 때 기분이 별로인 것 같아요. 늘 비슷한 사람들을 내 삶으로 끌어들이는 문제가 반복되거든요. 알아넌(Al-Anon) 코치―참고로 알아넌 가족연합회(Al-Aon Family Groups)는 알코올 중독자의 친구와 가족들의 회복을 도와주는 프로그램을 제공하는 단체다―는 날 '똥차 정비사 양반'이라고 불러요. 항상 상처 있는 여자, 상처 있는 사람들, 약쟁이들을 받아주려고 한다고요."

"정말로 뭔가 고쳐줘야 하는 사람들에게 끌리나요?"

"항상 고쳐주는 건 아니지만, 끌리는 건 맞아요. 어머니 때문에 그런 사람들에게 끌리는 것 같아요. 지난번에 만난 사람도 그랬어요."

"어머니라면…… 내 기억으로는 약물 중독으로 고생하셨다고 했죠. 돌아가실 때 연세가 몇이었나요?"

"쉰 살이요. 펜타닐과 코카인 과다복용으로 돌아가셨어요."

"혼돈 속에서 자랐겠네요."

내 말에 로코는 고개를 끄덕였다. 나는 말을 이어갔다.

"사람들을 돌봐줘야 하는 상황이 당연했겠군요. 그런 식으로 인간관계를 맺어왔나요?"

이 말에 마음이 움직였는지 로코는 자기 이야기를 시작했다.

"네. 어린 시절에는 떠돌이였어요. 여기서 살다 저기서 살다, 어머니가 친구 집에 카드놀이 하러 간다고 한밤중에 깨우곤 했어요. 형제자매가 없어서 늘 친구를 만들어야 했어요. 그때는 무슨 일인지 몰랐지만 어머니가 약물을 과다복용한 모습도 여러 번 봤죠. 일곱 살 때 부모님이 이혼했고, 어머니는 다른 사람들을 만나기 시작해서 약혼도 한 번 했지만 결국 틀어졌어요. 어머니가 집을 날리는 바람에 우리는 아파트로 옮겼어요. 난 어머니가 약물에 중독됐다는 걸 알아차리기 시작했죠. 나는 아버지 집으로 들어갔고, 어머니는 느리지만 확실하게 망가지기 시작했어요. 15년이나 일한 직장을 잃고 급여가 괜찮은 곳으로 재취업했지만 거기서도 해고됐죠. 중독에는 대가가 따랐어요. 어머니는 점점 질 떨어지는 사람들과 어울렸어요. 열다섯인가 열여섯 살때 내가 어머니에게 쓰레기 같은 인간들과 그만 어울리라고 말했어요. 어머니는 그 사람들을 도와주고 싶었던 것 같아요. 그런데 잘 안 됐죠."

안타깝지만 로코의 어린 시절은 그리 드물지 않은 사례였다. 국가 약물 남용 및 건강 실태 조사(National Survey on Drug Use and Health)에 따르면 17세 이하 아동 8명 중 1명(미국 내에서 870만 명)은 부모 중 최소 1명에게 약물 사용 장애가 있는 가정에서 살고 있다. 내가 물었다.

"당신에게 그리 이롭지 않은 사람들을 만나게 되나요?"

로코는 얼굴을 약간 찌푸리며 말했다.

"전에 만난 사람들 중 몇 명은 정말 지독한 중독자였어요."

"어린 시절과 비슷한 느낌이 드나요?"

"네. 사실 아버지가 내 전 여자 친구를 만났을 때 어머니가 생각난다고 하셨거든요. 나는 '좋은 쪽으로 비슷하다는 거겠지'라고 생각했지만 사귀다 보니 그게 아닌 걸 알게 됐어요."

"당신이 결정을 내릴 때 감정이 어떤 영향을 미치는지 말해줄래요? 예를 들면 전 여자 친구와 사귀기로 결정했을 때는 어땠나요? 갑자기 감정이 제일 중요해지나요?"

"네, 딱 그래요. 그 여자가 나의 전부처럼, 온 세상처럼 느껴졌어요."

"그러는 게 기분이 좋아서였을까요?"

로코는 잠깐 생각하더니 이렇게 말했다.

"내 머릿속에서 혼자 이야기하고 있었어요. 왜 그랬는지 나 자신을 설득하고 있었죠. 나는 엄청 스트레스를 받고 있었고 그녀는 당장이라도 돌아설 것 같았지만 말이에요."

"좋아요. 정확히 어떤 일이 있었는지 설명해줘요."

"만나서 데이트한 첫날밤에 사랑에 빠졌다는 생각이 들었어요. 모든 게 놀라울 정도로 근사했죠."

"'바로 이 여자와 결혼하고 싶어'라고 생각했나요?"

"네, 확실히요."

"여자 친구를 어디서 만났나요?"

나는 이 '첫눈에 반한 사랑' 이야기를 자세히 듣기 위해 물었다. 로코는 크게 웃으며 대답했다.

"클럽에서요."

나 역시 약간 웃으며 말했다.

"술은 안 마셨나요? 여자 친구도요?"

"여자 친구는 술을 마시고 있었어요."

"당신은요?"

"몰리(Molly)요."

그가 인정했다.

"엑스터시(Ecstasy, 메틸렌디옥시메탐페타민 성분의 환각제-옮긴이) 말이죠. 좋아요. 그럼 그날 밤 엑스터시를 먹고 여자 친구를 만났군요. 그녀를 사랑한다고 확신했고요. 그런데 엑스터시를 하면 누구나 다 사랑하게 되지 않나요?"

이때까지 우리는 꽤 신나게 웃고 있었다. 로코가 대답했다.

"그렇죠. 그런데 그녀를 사랑한 건 달라요."

"그래서, 같이 집에 갔나요?"

"네."

"당신은 다음 날 나왔고요? 아니면 그다음에 무슨 일이 있었나요?"

"그 후에는 2년…… 동안…… 하루도 떨어져 지낸 적이 없어요."

"좋아요. 만난 지 얼마 만에 청혼했나요?"

"1년 반 지나서요."

"그 1년 반 동안 한 번도 안 싸웠나요?"

"아, 많이 싸웠죠."

로코는 지체 없이 대답했지만 시선은 아래를 향하고 있었다.

"많이 싸웠다고요?"

"네. 내가 먼저 싸움을 건 적은 없지만요. 난 항상 이런 말을 하는 쪽이었어요. '어쩌다가 이렇게 싸우게 됐지? 싸울 일도 아닌데.' 나는 대화가 잘 되는 사람이에요. 의견은 확실히 주장하지만 말도 안 되는 일로 싸움을 거는 사람은 절대 아니에요. 불같이 화내지도 않고요. 상황에서 한발 떨어져 마음을 다스린 다음 얘기를 나누죠. 그런데 전 여자 친구와 있으면 장을 볼 때 냉동밥 한 그릇만 빠뜨려도 '당신은 내 말을 안 들어. 당신은 날 이해해주지 않아'라는 말이 날아오는 거예요."

"그럼, 냉동밥 한 그릇 빠뜨렸다고 화내는 사람이라는 걸 알면서도 청혼하기로 한 결정에 대해 자세히 좀 설명해줘요. 몇 번이나 싸웠나요?"

"큰 싸움은 스무 번 정도예요."

"스무 번, 좋아요. 작은 싸움은 몇 번 정도였죠?"

"항상 나만 잘못한 사람이었어요. 전 여자 친구는 '피해자인 척하네', '이 사람들과 좀 친해져 봐'라고 말하거나 '당신은 도대체 어떤 사람이야?'라고 늘 물었죠. 나는 이렇게 생각했어요. 항상 더 나은 사람이 되라고 요구하는 건 그녀 쪽이니 내가 그녀를 더 사랑하는 거라고요. 그래서 내 머릿속에는 그녀를 위해 뭐든 해야 한다는 생각뿐이었고, 그녀가 나의 인간적 성장을 도와주고 있다며 그 생각을 합리화했어요."

"그녀를 사랑한다는 사실이 갈등이나 싸움보다, 그 어떤 일보다 중요하다고 생각했군요?"

"나는 그 사람을 너무 사랑해서 모든 걸 합리화했어요."

로코는 평소답지 않은 표정이었다. 뭔가를 깨닫기 시작한 것처럼 보였다.

"그렇게 감정적 추론을 한 결과로 위험 신호도 무시하고 당신에게 최선인 결정도 무시하게 됐네요. 그녀를 너무 사랑해서 그녀가 뭘 하든 상관없었기 때문이죠?"

로코는 천천히 고개를 끄덕이며 자리에 깊숙이 앉았다.

"이렇게 말한 적도 있어요. 그녀가 바람을 피워도 용서할 거라고요. 너무 사랑하기 때문에요."

"감정으로 모든 걸 합리화한 건가요?"

"네, 모든 걸요."

이제 로코는 뭔가 깨달은 듯 미소 짓고 있었다. 돌이켜보니 상황이 훨씬 분명해졌기 때문이었다.

"이젠 알죠? 웃는 얼굴이네요."

우리는 함께 웃었다.

"웃기는 일이죠. 난 꽤 논리적인 편이고 이 정도로 감정적이지 않거든요. 하지만 그녀에 대한 사랑 때문에 모든 걸 감정에 휘둘리게 놔뒀다는 걸 이제 알겠어요."

"증거를 무시했다는 말 같군요."

로코는 다시 고개를 끄덕이며 말했다.

"아, 그럼요. 다들 알았는걸요. 알아넌 코치며, 모든 사람이 다요."

"그럼 그런 일이 또 생기지 않겠어요? 당신은 사랑에 빠지면 증거를 무시해버리는 것 같은데요."

"온갖 일을 겪은 엄마 모습을 보았던 경험과 관련이 있는 것 같아요. 여자 친구랑 있으면 나는 이렇게 생각하는 거죠. '아, 이번 주에는 약에 취해서 저렇게 행동하는구나.' 아니면 이렇게도 생각했어요. '강간당해서, 성적 학대를 당해서 저렇게 행동하는구나. 그래서 나에게 인질로 잡힌 것처럼 발코니로 달려가서 도와달라고 소리를 질러대는구나.' 그녀가 행복하지 않다고 말하는 이유도 정당화했어요. 난 늘 이렇게 말했어요. '난 너를 행복하게 해주는 사람이 아니야. 널 사랑하기 위해 여기 있고, 네 사람이고, 할 수 있는 한 너를 도와줄 사람이야. 하지만 네 행복은 어떻게 해줄 수가 없어. 그건 네가 할 일이야'라고 말이에요."

"나는 그런 걸 부기맨이라고 불러요. 당신은 어린 시절 어머니께 일어난 일을 하나의 이야기로 믿게 됐어요. 어떤 이야기냐면, 누군가를 사랑한다는 건 그 사람이 미친 짓을 해도 참아줘야 한다는 이야기죠. 물리적 학대, 감정적 학대, 무시, 무엇이든지요. 이게 당신이 자라면서 알게 되고 믿게 된 이야기예요. 하지만 그건 진짜가 아니에요. 그저 당신이 길들여진 방식일 뿐이죠. 그 이야기가 어른이 된 지금도 가끔 떠오르는 거예요. 부기맨이 튀어나오지 않게 하려면 어떤 결정을 내려야 할까요?"

로코는 신중히 대답했다.

"나를 좀 더 사랑하고 자존심을 지킬 필요가 있다고 생각해요. 그리고 어디까지 참아내고 어디부터는 참지 않을지 경계를 정할 필요도 있고요. 누군가에 대한 감정 때문에 무시나 학대를 참거나 정당화하지 말아야 해요. 위험 신호가 보이면 나 자신을 더 귀하게 여겨야 해요. 영적 수행을 하거나 상담을 받는 식으로요. 상대방을 고치려고 하는 대신 나 자신에게 투자하고요. 교통사고가 나면 물리치료를 받아야 하잖아요. 나는 35년 동안 약물 중독이었던 어머니 때문에 감정적, 정신적 트라우마를 겪었어요. 22년 동안 그렇게 살았죠. 내가 겪은 감정적 트라우마는 명상이나 자기계발서로 치료할 수가 없어요. 그 부분이 치유돼야 평온한 상태로 돌아갈 수 있어요. 진짜 사랑을 받아들일 수 있는 상태 말이에요."

"그래요. 당신 스스로 힘을 낼 수 있어요. 그렇게 힘을 내면 예전 습관으로 돌아가지 않겠죠."

"계속 항상 노력하니까요."

"내 생각에는 심리 치료가 크게 도움이 될 것 같아요. 사랑과 애착을 새로운 시각으로 볼 수 있을 거예요. 당신은 능동적으로 행동하겠다고 결정할 수 있어요. 당신 말마따나, 그러지 않으면 예전 습관으로 돌아가버리겠죠. 긴 치유의 여정을 시작하겠다고 결심할 수 있도록 치료사를 추천해줄게요. 짜증나는 일이지만 어디가 문제인지 바로 인식하고 '좋아, 다 지난 일이야. 이제 괜찮아'라고 인지적으로 반응할 수가 없죠. '여기 내 안에 있는 것들을 치료하러 가야 한다고?' 이런 생각도 들 거예요. 하지만 이게 우리가 할 수 있는 최선의 방법이에요. 우리는 원하는 요소들로 미래를 만들어가겠다고 결정할 수 있어요. 원하지 않는 일들이 미래를 결정하게 둘 필요는 없죠. 심리 치료를 받은 적이 있나요?"

"아뇨. 한 번도요."

"이것 봐요. 여태 치료 한 번 안 받으니 이렇게 되죠."

로코는 미소를 지으며 말했다.

"책 읽고, 이것저것 찾아보면서 지냈어요. 내가 이렇게 된 이유를 찾으려고요. 그래서 내 정체성을 많이 깨달았어요. 어머니는 늘 나를 엄청나게 자랑스러워했어요. 지나칠 정도로요. 아버지는 자랑스러운 기색이 없었어요. 난 아버지에게 자랑스러운 자식이 되고 싶기도 했고, 어머니의 진짜 애정도 받고 싶었어요. 어머니는 날 위한 물건들을 머리맡에 두곤 했지만 내가 원한 건 어머니가 풋볼 경기에 와주는 것, 정신적으로 의지가 돼주는 것, 약을 끊는 것, 가족과 함께 지내는 것, 또렷한 정신으로 사는 거였어요. 나는 어머니가 신체적, 정신적, 영적으로 멀쩡하길 바랐어요. 어머니에겐 늘 사랑을 갈구했고 아버지에겐 자랑스럽다는 말을 듣고 싶었던 것 같아요. 어머니는 누구에게나 내 얘기를 하고 다녔어요. 그런데 그게 진짜 사랑으로 느껴지지 않았어요. 난 이렇게 생각했죠. '그렇게 날 사랑하고 자랑스럽게 여긴다면서, 그 아들을 위해 정신 좀 차릴 수 없어?'라고요."

로코는 말을 멈췄다. 방금 한 말의 무게만큼 무거운 침묵이었다. 그는 허공을 바라보며 생각에 잠겼다. 내가 말했다.

"그럴 수 없었던 거예요."

로코는 맞잡은 손을 내려다보며 말했다.

"그래요."

"전부, 할 수 없었던 거예요. 당신은 누군가에게 털어놓고, 흩어진 점들을 연결하고, 치유할 수 있어야 해요. 앞으로 그런 일을 겪지 않도록 과거를 치유하겠다고 결정하는 거죠."

"과거를 치유하겠다는 의도를 세우는 거죠."

"그렇죠. 다른 현실을 경험할 수 있도록. 그리고 이제부터는 감정이 아니라 증거를 바탕으로 결정할 수 있도록 말이에요. 자, 들어봐요. 만나는 순간 사랑에 빠져서는 안 돼요. 특히 클럽에서는요. 확실한 사실을 고려하고, 전체 상황을 보고, 또 다른 요소들이 있는지 생각해야 해요. 이를테면 그런 상황에서 그렇게 금방 친밀한 사이가 될 수 없다는 사실을 고려해야 해요. 그 사람이 당신을 사랑하는 마음으로 대하는지도 봐야 하고요. 그리고 둘 중 한 명에게라도 건전하고 긍정적인 관계라는 증거가 있는지 봐야 해요. '이 사람을 사랑해'라는 강렬한 감정에 끌려가는 대신 그 감정보다 더 중요한 증거들을 고려하세요."

로코는 이렇게 대답했다.

"증거 얘기를 하자면…… 사실 전 여자 친구는 나와 함께 지내고 싶지 않다고 계속 말했어요. 난 '아냐, 넌 그냥 화가 난 거야'라고 말했고요. 지금 보면 사실 그녀는 행복하지 않다고 계속 표현하고 있었어요. 하지만 나는 감정에 모든 걸 맡겼죠. 이렇게 말해야 했어요. '행복하지 않아서 나랑 헤어지고 싶다고? 그럼 잘 가'라고 말예요."

나는 이렇게 말했다.

"아니면 '당신은 나에게 필요한 사람이 아니야'라고 말할 수도 있겠죠. 어린 시절에는 선택권이 없었지만 지금은 선택할 수 있어요. 그녀가 당신과 함께하고 싶은지 아닌지는 중요하지 않아요. 그런 생각은 '당신'에게 해로워요. 우선, 알다시피 클럽에서 엑스터시에 취해서 누군가를 만나는 건 별로 좋은 방법이 아니죠. 여기서 시작하면 될 것 같아요."

우리는 이 간단한 진실에 한바탕 웃었다.

로코는 그다음 주에 치료를 시작했다. 이것이 더 나은 삶을 위한 로코의 첫 결정이었다. 그는 이미 자기 행동에 대한 탐구심과 의지가 있었고 이리저리 알아보면서 많은 노력을 해왔다. 그리고 자신의 과거가 현재의 결정과 어떻게 연결되어 있는지도 예리하게 파악하고 있었다. 이제 로코는 해로운 습관을 반복하지 않기로 결정할 수 있다. 특히 인간관계에서는 더욱 그렇다.

처음에 나와 마주앉았을 때, 로코는 감정 영역에서 개선이 절실히 필요하다고 생각하지 않았다. 하지만 인간관계 이야기를 시작하면서 퍼즐을 하나하나 맞춰가며 자신이 감정적 추론을 하고 있었다는 사실을 깨닫고 결정적인 변화를 경험했다. 어떤 변화였을까? 그는 '증거'를 보았다.

로코는 감정에 따라 진실을 정의하는 대신 증거로 그 자리를 채웠다. 느낌으로는 최선의 결정을 내릴 수 없다. 어떤 느낌이 든다고 해서 그것이 진실은 아니다. 로코가 사랑한다고 느낀 사람은 그에게 애정 없이 함부로 대했고 진실한 관계를 맺을 능력도 없었다. 하지만 로코는 한발 물러서서 자신의 성장 과정, 두 사람이 만난 상황, 더 이상 만나고 싶지 않다던 전 여자 친구의 거듭된 발언 등 모든 증거를 살펴봄으로써 감정이 진실이 아님을 깨달았다. 그의 결정들은 분명 최고의 자아에서 나오지도 않았고 더 나은 삶과 이어져 있지도 않았다.

최근에 로코와 연락하면서 근황 이야기를 들었다. 그는 자신이 감정적으로 결정을 내렸던 방식을 명확히 알았다고 말했다. 지금은 그 사실을 금방 깨닫고 늦기 전에 멈출 수 있다고 했다. 이제는 증거를 바탕으로 관계를 시작하는 법을 배우는 중이라고도 했다. 가끔은 이렇게 약간의 자각만으로 자신의 습관적인 행동을 명확히 인식할 수 있다.

↓↑ 증거 기반 추론하기

감정적 추론을 통해 결정을 내릴 때는 '그래, 하지만 나는 이렇게 느껴'라고 생각하면서 증거를 무시하는 경우가 많다. 이렇게 시야가 좁아지는 이유는 느낌에 얽매여 있기 때문이다. 감정에서 바로 이어지는 결정은 최고의 자아에서 나오는 것도 아니고 최고의 자아에 도움이 되지도 않는다. (엑스터시에 취한 로코가 방금 클럽에서 만난 여자와 사랑에 빠졌다고 생각한 것처럼.)

　로코의 사례에서 알 수 있듯 해결책은 '증거 기반 추론'이다. 이것이 진정한 자신으로 돌아가는 길이다. 탐정이 결론을 내리기 전에 모든 증거를 모으듯이 우리 역시 결정을 내릴 때는 증거를 모아야 한다. 이 과정이 항상 쉽지만은 않다. 감정의 힘이 강력하기 때문이다.

　두려움은 더 나은 삶으로 가는 길을 막는다. 우리는 두려움 때문에 안전지대를 벗어나기 어렵고, 예측된 위험을 무릅쓰기 어려우며, 후한 보상을 경험하기 어렵다. 무슨 일이든 처음 할 때는 그리 좋은 기분이 들지 않기 때문이다. 그리고 두려움은 진실이 아닌 이야기를 만들어내게 한다. 두려움을 비롯하여 방해되는 감정들을 일단 제쳐두고 증거를 살펴보기만 한다면 가장 어려운 부분은 이미 끝난 셈이다.

내 경우에는 사람들 앞에 나서는 일을 하면서 대중 강연이 그리 기분 좋은 일이 아니라는 사실에 직면해야 했다. 생각만 해도 진이 빠져서 강연을 몇 년이나 피해 다녔다. 한번은 팝음악 순회 공연 일정에 맞춰 75개 이상의 도시에서 열리는 자기계발 자선 행사에 참여한 적이 있었다. 한 명 한 명과 모두 대화를 나눌 수 있을 정도로 적은 관객 앞에서 강연을 했는데, 그것도 그리 기분 좋은 일이 아니었다. 그래서 나는 이 일에 전혀 맞지 않는다고 생각했다. 감정에 휘둘려 결론을 내린 것이다.

나는 감정 대신 증거를 보기로 결정했다. 그러자 내가 CAST 센터에서 새로운 아이디어와 체계를 발표하는 형태로 오래전부터 사람들 앞에 나서왔다는 사실을 깨닫게 됐다. 그리고 오랫동안 집단 형태로 중요한 인물들을 만났다는 사실 역시 깨달았다. 실제로는 대중 앞에 나서는 데 필요한 능력을 20년에 걸쳐 연마해왔던 것이다. 무대에 서고 TV 시청자를 상대로 말하는 것은 상상보다 훨씬 쉬웠다. 일단 감정을 제쳐두고 증거를 보기 시작하자 결정의 방향도 분명해졌다. 나는 언제든 대중 앞에 나설 수 있는 상태가 되었다.

지금 나는 〈닥터 필 쇼〉에 출연하고 있고, 전 세계에서 열리는 기업 행사에서 수천 명의 관객을 앞에 두고 더 나은 삶을 영위하는 방법을 제안한다. 〈늘 발전하는 삶-마이크 베이어 코치와 함께〉라는 팟캐스트 방송에서는 아주 다양한 사람들과 마주앉아 그들의 의사결정 방식을 자세히 알아보고, 인스타그램과 페이스북에서는 생방송으로 상담을 진행하기도 한다. 이것은 내가 청중들과 더 많이 교류하고 일상에서 활용하기 좋은 방법들을 제공하는 하나의 통로다. 그리고 수백 명에서 수천 명에 달하는 청중 앞에서 하는 일종의 즉흥 강연이다. 당신도 생방송 중에 나와 채팅했거나 언젠가 그럴 일이 생길지도 모른다. 특별히 정해진 부분이 없어서 더 재미있다. 상담을 할 때도 있고 댄스 배틀을 할 때도 있다. 나는 이 즉흥적인 면이 너무 좋다.

행사에서 강연할 때도 즉흥적으로 진행하는 일이 있다. 시작하면서 모든 관객이 셀카를 찍어 강연이 끝난 후의 모습과 비교해보게 하거나 연극적인 요소를 도입하기도 한다. 이런 요소들은 참여도를 높이고, 관객이 강연 내용을 배우고 삶에 적용하는 데 도움이 된다.

뭔가를 많이 해보고 자신감이 붙을수록 자기만의 방식을 잘 알게 된다. 내가 나다워질수록 사람들은 나를 더 많이 찾고, 그럴수록 나는 더 많은 사람들에게 이로운 일을 할 수 있다. 이 모든 일은 내가 증거를 바탕으로 관점을 바꿀 수 있었던 덕분이다. 머릿속에서 반복 재생되는 이야기를 헤치고 나아가야 한다. 생각해본 적도 없던 대중 강연이라는 일이 내 인생의 일부가 되었듯이 말이다.

직감인가, 감정인가?

감정적 추론은 가끔 직감과 혼동될 수 있으므로 그 차이를 구분하는 것이 중요하다. 연구에 따르면 우리 뇌는 빠르게 결정을 내릴 수 있도록 일종의 지름길을 만든다. 이런 지름길 중 하나는 느낌을 바탕으로 빠르게 가능성을 평가하는 기능을 한다. 즉, 자극에 감정적으로 반응하는 것이다. 이 반응은 다음과 같이 일어난다.

개에 물린 적 있는 사람이라면 공원에서 달려오는 개를 보았을 때 공포를 느끼고 다른 방향으로 도망가야겠다고 생각할 것이다. 크게 해를 입히지 못할 작은 치와와라도 말이다. 반대로 개와 긍정적이고 행복한 경험만 있는 사람이라면 껑충껑충 뛰어오르는 개에게 몸을 굽혀 반갑게 인사해줄 것이다. 두 경우 모두 사람, 장소, 사물과 관련된 과거의 감정적 경험(긍정적이든 부정적이든)을 현재 상황과 연결할 때 발생한다. 이런 느낌을 직감이나 '촉'이라고 생각할 수도 있지만, 그저 감정적 반응에 지나지 않는지 충분히 살펴보고 그 느낌을 뒷받침할 증거가 있는지 판단할 필요가 있다.

순전히 과거의 감정적 경험만을 바탕으로 자기 자신, 다른 사람들, 상황을 판단한다면 최고의 자아가 아닌 상태로 결정을 내리게 되며 그야말로 문제 속으로 뛰어들 수 있다. 전 연인과 좋지 않게 헤어지고 감정적으로 힘들었다고 해서 앞으로 만날 사람에게 똑같이 상처를 받으리라고 생각할 수는 없다. 이런 사고방식은 자신을 한계에 가두고 기회를 놓치게 한다. 과거의 연인과 현재 만나는 사람은 다른 사람이다. 한 번의 경험으로 다음 경험을 판단하는 것은 공정하지 않다.

더 나은 삶을 창조하는 능력을 자기도 모르게 제한하지 않으려면, 자신을 보호하기 위해 만든 감정적이고 부정확한 지름길을 원상태로 돌려놓으려고 노력해야 한다.

후회에 휩쓸려 내리는 결정

좋은 결정을 내리려고 할 때 후회는 엄청난 강적일 수 있다. 의사결정 이론 연구자들은 후회가 선택에 미치는 영향에 대해 중요한 연구를 수행했다. 그 결과 후회가 실제로 결정에 강력한 동기를 부여할 수 있다는 사실을 발견했다. 후회란 어떤 사건, 특히 기회를 놓친 일에 대해 슬픔이나 실망을 경험하는 것이다. 대부분의 사람들은 잘못된 결정이 고통스러운 후회로 이어지는 상황을 쉽게 떠올릴 수 있다. 따라서 가장 덜 후회할 것 같은 결정을 내린다. 하지만 항상 모든 증거를 고려할 수는 없기 때문에 후회를 최소화하는 결정이 늘 최고의 결정이라고 할 수는 없다.

'결정 정당화 이론(decision justification theory)'에 따르면 의사결정과 관련된 후회의 요소는 두 가지다. 첫 번째 요소는 비교와 관련이 있다. 우리는 상상한 결과들을 비교해서 덜 후회할 것 같은 쪽을 선택한다. 두 번째 요소는 잘못된 선택을 했을 때 자신을 비난하는 정도와 관련이 있다. 요컨대 좋지 않은 결정 때문에 자신을 가혹하게 비난할 것인지가 결정을 좌우한다.

과거의 결정을 후회하는 마음만으로 결정을 내린다면 과거에 사는 셈이다. 미래의 후회를 두려워하는 마음으로 결정을 내린다면 눈앞의 기회를 받아들이지 못하는 셈이다. 후회를 피하기 위해서는 충분한 정보를 바탕으로 신중히 결정을 내리면 된다. 이럴 때 과거의 고통은 더 나은 삶을 만들어내는 데 유용한 도구가 될 수 있다.

↓ 감정적 추론과 증거 기반 추론 중
어느 쪽에 의존하는가?

이번에는 이 두 개의 포스가 우리 삶에서 어떻게 나타나는지 살펴보자. 다음 내용은 감정적 추론과 증거 기반 추론의 차이를 간단히 설명한 것이다.

감정적 추론	증거 기반 추론
• 느낌이 사실이라고 믿기 • 느낌을 바탕으로 결정하기 • 그리 좋은 느낌이 들지 않는다는 이유로, 더 나은 사람이 되려고 노력하지 않기	• 문제의 진실에 다가가기 • 느낌이 아니라 증거를 바탕으로 결정하기 • 새로운 기술, 능력을 기르기 위해 익숙한 울타리를 벗어나기

연습하기

다음 표는 부정적 포스인 감정적 추론이 실생활에서 어떻게 나타나는지, 긍정적 포스인 증거 기반 추론으로 어떻게 옮겨갈 수 있는지 보여준다.

감정적 추론	증거 기반 추론
내 아이디어를 발표하고 싶은 기분이 아니야. 직장에서는 그냥 가만히 있어야지.	내가 발표했을 때 반응이 긍정적이었어.

전 남편/아내에게 너무 화가 나. 공동 양육은 시도조차 안 할 거야.	아이들은 부모가 이혼했더라도 협력하면서 공동 양육할 때 상황에 더 잘 적응해.
잘생긴/예쁜 사람과 사귈 때 기분이 좋아. 남들이 매력적이라고 생각하지 않는 사람과는 만나지 않을 거야.	길게 보면 연인 관계에서 외모는 행복에 그렇게 큰 영향을 미치지 않아.

이제 당신 차례다. 이런 사고방식을 당신의 결정에 적용해보자. 더 나은 삶으로 이어지는 결정을 내릴 때 감정적 추론이라는 부정적 포스에는 어떤 영향을 받을까? 그 내용을 왼쪽 칸에 써보라. 그다음에는 증거 기반 추론에 대해 생각해보고, 감정 대신 증거에 주목하여 다시 결정을 내려보라.

감정적 추론	증거 기반 추론

이번에는 개선하고 싶은 삶의 영역으로 눈을 돌려보자. 다시 한 번 말하지만 삶의 영역들은 계속 바뀌고 발전할 수 있으므로 어제 고민이었던 영역과 오늘 고민하는 영역이 달라도 괜찮다. 삶은 예측할 수 없는 것이다. 우리는 자신에게 무엇이 최선인지 고려하여 타인보다 자기 인생을 우선할 필요가 있다. 최고의 자아는 당신이 안전한 상태로 안정감을 느끼고 강인한 정신력으로 사람들과 의미 있는 관계를 맺으며 충만하고 목적 있는 삶을 살기를 바란다. 그런데 만약 당신이 경제력 영역에서 불안이나 스트레스를 느낀다면 그 영역을 안정적으로 꾸리는 능력에 감정의 영향을 받게 된다. 따라서 그 영역에 우선 집중해야 한다. 혹은 정신 건강이 삶에 심각한 영향을 미친다면 그 영역을 최우선으로 개선해야 한다.

불안이나 스트레스가 느껴지거나 단순히 불편한 느낌이 드는 삶의 영역은 무엇인가?

_____

_____

_____

_____

_____

이 영역들에서 당신은 어떤 감정을 느끼는가?

_____

_____

_____

_____

_____

이 영역들에서 그런 감정을 뒷받침하는 증거는 무엇인가?

_____

_____

_____

_____

_____

그런 감정들을 뒷받침하지 '않는' 증거는 무엇인가?

_____

_____

_____

_____

_____

감정에 휘둘리지 않고 모든 증거를 바탕으로 결정을 내린다면 어떤 결정을 내릴 수 있을까?

_____

_____

_____

_____

상황에 대해 다르게 생각해보니 어떤 느낌이 드는가?

_____

_____

_____

_____

_____

이제 포스에 대한 내용은 끝났다. 기회를 발견하도록 도와줄 포스가 앞으로 항상 당신과 함께하길 빈다. 당신은 삶이 예기치 못한 카드를 내밀 때마다 언제든 이 책으로 돌아와 최고의 자아로서 결정을 내리도록 도와줄 포스의 힘을 빌리기로 결심할 수 있다.

의사결정 팀 만들기

다음 장에서 당신은 인생이라는 팀을 이끄는 주장의 역할을 맡을 것이다. 더 나은 삶을 위한 하나의 결정을 내리기 위해서는 결정에 도움이 될 의견과 조언을 제공할 팀, 당신이 완전히 의지할 수 있는 팀이 필요하다. 그래서 지금부터는 누가 당신의 의사결정 팀이 될지, 어떤 역할이 비어 있을지 자세히 알아보려 한다. 함께 강한 팀을 만들어보자.

PART
3

나 자신을 위해 행동하라,
오로지 더 나은 쪽으로!

ONE
DECISION

의사결정 팀 만들기

삶을 매우 훌륭하게 꾸려나가는 사람에게 그 비결을 물어보면 주변 사람들이 있었기에 가능했다고 답할 것이다. 사업자, 종교 지도자, 공무원, 부모 등 어떤 사회적 계층과 지위에 있는 사람 이든 주변 사람들 덕분에 그 자리까지 갈 수 있었다고 말한다. 도움 없이 혼자 성공할 수는 없다. 혼자 성공했다고 생각하는 사 람은 자기 공을 과대평가하는 것이다. 예를 들면 나 역시 아무것 도 없는 공간에서 이 책을 써내는 것이 아니다. 어떤 작가든 집 필을 시작하고 끝낼 때까지 주변의 무수한 사람들과 협력한다. 책을 읽고 정보를 얻어 활용하는 당신도 그들 중 하나다.

능동적으로 도움을 주지 않는 팀원이라도 진정성 있는 결정 을 내리는 데 꼭 필요한 존재일 수 있다. 이들은 간접적으로 당신의 감정에 힘을 실어주거나 당신이 영적 진정성을 유지할 수 있게 도와준다. 이들 덕분에 당신은 결정을 내리기에 더 적절한 감정적, 정신적 상태가 될 수 있다.

의사결정 팀은 놀라울 정도로 큰 도움이 된다. 특히 스스로 원하는 바를 알고 있는 사람에게는 더욱 그렇다. 불만족스러운 영역을 개선하기 위해 어떻게 하고 싶은지 확실히 모르겠다면 의사결정 팀의 힘을 빌어 장애물만 보이는 관점을 기회가 보이는 관점으로 바꿔보라. 부정적 포스의 악순환에 갇혀 있을 때 역시 의사결정 팀의 도움을 받아 다시 정상 궤도에 오를 수 있다.

내가 팀원들의 도움 없이 중요한 결정을 내린 것은 아주 오래전 일이다. 나는 내 능력과 한계를 알기 때문에 어떤 결정이든 참신한 관점으로 볼 수 있게 해주는 의사결정 팀을 만든다. 이제 설레는 마음으로 내 방식을 공유하여 당신만의 의사결정 팀을 어떻게 만드는지 알려주려 한다.

내 첫 책에서도 우리가 만들 수 있는 팀에 대해 이야기한 적이 있다. 그때 선택했던 팀 구성원과 앞으로 만들어볼 의사결정 팀 구성원들이 많이 겹칠 수 있지만, 두 팀에는 본질적인 차이가 있다. 지금은 진정한 결정을 내리기에 알맞은 팀, 즉 당신이 행동하도록 도와줄 팀에 대해 생각해야 한다. 이 팀은 결과와 상관없이 당신 편이 되어줄 것이다. 결정의 유형에 따라 도움을 요청할 사람이 다르므로 각각의 상황에서 누구에게 도움을 요청하고 누구를 피해야 할지 알려면 팀원이 될 사람들을 잘 알고 분석하는 데 시간을 투자하는 것이 좋다. 누구나 모든 분야에 전문가일 수는 없다. 세금 신고서를 확인하려고 정비사에게 전화하거나 육아에 대해 상의하려고 진로 상담사를 찾아가지는 않는다. 인생에서 중요한 결정을 내릴 때 누구를 찾아가야 할지 확실히 알도록 하자. 손 놓고 있다가 시간에 쫓기는 대신 모든 결정에 대비한 의사결정 팀을 정해두면 정말 필요할 때 그들의 지혜와 전문성을 더 잘 활용할 수 있다.

팀원을 선택하는 데 가장 중요한 요소 중 하나는 당신을 진정으로 이해하고 그 이해를 바탕으로 결정을 도와줄 수 있는 능력이다. 알다시피 최고의 자아로서 내리는 결정에는 '최고의 결정'을 뛰어넘는 의미가 있다. 팀원을 선택하는 과정도 마찬가지다. 의사결정 팀을 구성할 때는 그들의 이력이나 전문성, 조언의 성격도 중요하지만 당신 자신과 그들이 어떤 사람인지, 그 자체가 더욱 중요하다. 어떤 일을 해내는 최선의 방법에 대해서는 언제나 아주 다양한 의견이 존재하므로, 팀원의 됨됨이를 바탕으로 누가 당신에게 가장 알맞은 사람인지 알아내는 것이 더 중요하다. 예를 들면 나도 누구에게나 꼭 맞는 인생 코치가 아닐 수 있다. 사실 이건 좋은 일이다. 누구에게나 꼭 알맞은 사람은 없다. 중요한 점은 누구와 함께일 때 자기다울 수 있는가다.

팀원을 선택하는 과정에서 참고할 수 있도록 내 친구 이야기를 해보겠다. 나는 힘든 하루를 보냈거나 힘을 내야 할 때, 최고의 자아로서 인생의 중대한 결정을 내리도록 도와줄 사람이 필요할 때 이 친구를 찾는다. 이 친구의 이름은 디콘이다. 최근에 나는 인생에서 가장 많은 관객인 3,000명 앞에서 발표할 일이 있었다. 발표를 코앞에 두고 늘 하던 대로 기도하고 주문을 되뇌었지만 여전히 진정되지 않았다. 이야기를 나눌 사람이 필요했다. 나는 무조건 나를 자랑스럽게 여기고 격려해주는 사람들과 연락할 때 영적으로 더 나은 상태가 된다. 이때 나는 디콘과 이야기해야 했다.

전화기 너머로 디콘의 목소리가 들리자 역시 잘했다는 생각이 들었다. 발표를 해낼 수 있다는 사실을 알고는 있었지만 최고의 자아가 되어 결과에 대한 집착을 내려놓는 데 필요한 자신감을 준 건 디콘의 한 마디였다. "넌 해낼 수 있어!" 디콘은 내 의사결정 팀의 기둥 역할을 하는 사람이다. 디콘과 함께 있으면 아주 안전하다는 느낌이 들고 힘이 나며 내가 어떤 사람인지 되새길 수 있다. 요컨대 잘 정렬된 상태가 된다. 디콘은 내가 영적으로 고양된 상태에 있도록 도와준다.

디콘의 인생 이야기는 의욕을 북돋아주고, 어떤 일을 겪더라도 새로운 방향으로 나아갈 수 있다고 늘 일깨워준다. 누구나 인생에서 고난과 역경을 겪는다. 누구나 가끔 힘든 일을 경험하며 산다. 우리는 다른 사람들이 고난을 극복했다거나 더 강한 사람이 되었다는 이야기에 감동하고 자신의 잠재력에 눈뜬다. 인생이 발목을 잡는다고 느낄 때 우리는 어디선가, 누군가가 그보다 더한 상황을 헤치고 더욱 발전했다는 사실을 떠올릴 수 있다. 그래서 나는 독자들과 공유할 수 있도록 디콘에게 인생 이야기를 해달라고 부탁했다. 이 이야기가 나에게 그랬던 만큼 당신에게도 크게 와닿길 바란다.

↓ 디콘의 이야기

디콘은 불우한 가정에서 자랐다. 디콘이 태어났을 때 그의 부모는 사이비 종교 신자였다. 세 명의 손위 형제자매도 그 영향을 받으며 자랐다. 디콘이 태어난 직후 그의 어머니는 그 종교에서 빠져나왔고, 디콘의 아버지와도 헤어져 아이들을 데리고 떠났다. 디콘의 어머니는 약물 중독과 우울증을 앓고 있었고 실직 상태였다. 그들은 갈 곳 없는 가족을 위한 쉼터에서 살았다.

디콘이 초등학교에 들어갈 때까지 그들은 그렇게 살았다. 디콘이 겨우 열 살이었을 때 그의 친구가 총에 맞았다. 디콘의 어머니는 자기 아이들도 얼마든지 그렇게 될 수 있다는 사실을 깨달았다. 이것을 일종의 신호로 받아들인 그녀는 그곳을 벗어나야 한다고 생각했다. 그래서 그들은 짐을 몽땅 챙겨 트럭에 신고 떠났다. 아이들은 어머니에게 들고 그것을 캠핑으로 알고 있었다. 디콘이 기억하기에는 온 가족이 텐트에서 잤지만 늘 먹을 것이 있었다고 한다. 그때는 몰랐지만 사실 그것은 노숙 생활이었다.

드디어 어머니가 머물 곳을 겨우 마련했을 무렵 디콘은 사고를 치고 다니기 시작했다. 그는 결국 가족들과 같은 길로 들어섰다. 약물에 손을 댄 것이다. 그는 열두 살 무렵부터 약물을 복용하기 시작했다고 기억한다. 6학년 때 처음으로 마리화나를 피웠고 학교 친구들도 마찬가지였다. 가난하고 불우한 환경에서는 약물을 사용함으로써 또래에게 인정받고 싶어 하는 경우가 많다. 디콘은 나쁜 패거리와 어울리고 있었다.

디콘은 겨우 열네 살에 소년원에 갔다. 소년원에서는 디콘의 아버지에게 연락해서 아이를 데려가지 않으면 위탁 가정으로 보내겠다고 했다. 좋은 집도 있고 경제적으로 안정되어 있던 디콘의 아버지는 그를 데려왔다. 하지만 그 무렵 디콘은 자신이 동성애자임을 알았다. 독실한 신자인 아버지는 동성애에 매우 부정적이었고 아들이 동성애자라는 사실을 받아들이지 않았다. 아버지와의 생활이 힘들었던 이유는 그뿐만이 아니었다. 디콘은 완전히 낯선 삶으로 던져지다시피 한 상태였다. 그는 이런 상황에 적응하는 과정에서 약물에 더욱 빠져들었다.

열여덟 살이 된 디콘은 엑스터시와 LSD 같은 약물을 팔아 근근이 살아갔다. 이때쯤 중독 때문에 친구를 전부 잃기 시작했다. 늘 약에 절어 있던 디콘과 어울리고 싶어 하는 사람은 아무도 없었다. 그래서 디콘은 외로움의 고통을 느끼지 않으려고 필로폰에 손을 댔다.

오래지 않아 디콘은 완전히 바닥까지 추락했다. 친구 집에 머물거나 여기저기 돌아다니며 살던 그는 죽고 싶다고 생각했다. 자살 시도도 몇 번 했고, 약물 남용으로 두 번 입원하기도 했다. 어느 날은 협곡 바닥으로 걸어 내려가고 있었다. 딱히 뭘 할 생각 없이 그냥 돌아다니는 중이었다. 그러다가 꾸벅꾸벅 졸기 시작했고, 약기운이 떨어지면서 몸에 힘이 빠져 그대로 쓰러져 잠들어버렸다.

깨어났을 때는 비가 억수같이 퍼붓고 있었다. 그는 흠뻑 젖어 얼음장처럼 차갑게 식은 채 외딴 곳에 덩그러니 누워 있었다. 주변에는 온통 피가 흩뿌려져 있었다. 디콘은 거기 누워 생각했다. 도대체 어떻게 된 거야? 한때 자신은 모두가 어울리고 싶어 하는 사람이었다. 다들 반항적인 그를 멋지다고 생각했다. 하지만 이제 약물 중독으로 모든 것을 잃고 혼자가 되었다.

협곡 바닥에 누워 있던 그 순간, 디콘은 더 이상 약물을 하지 않겠다고 생각했다. 다시 약에 취하는 상상만 해도 진저리가 났다. 그는 이제 완전히 손을 씻고 멀쩡한 정신으로 돌아와야 한다는 것을 알았다.

디콘은 여러 식당에서 접시 닦는 일을 시작했고 대학에 가기로 결심했다. 들을 수 있는 강의는 다 들었고, 결국 받지는 못했지만 학자금 보조 프로그램에도 지원했다. 마침내 그는 병원에서 일하게 되어 처음으로 상당한 돈을 모았다. 디콘의 목표는 구급요원이 되는 것이었다. 스물세 살 때 암으로 세상을 떠난 어머니를 임종 전까지 돌본 일을 계기로 의료계에서 일하고 싶다는 생각이 들었다고 한다. 디콘은 교육을 마치고 간호조무사(CNA)가 되었다.

이 무렵 디콘은 잘 살고 있었다. 엉망이었던 생활을 정리했고, 훌륭한 직업도 얻었으며, 대학에도 갔고, 놀라울 정도로 멋진 사람들도 만났다. 하지만 약물을 하는 사람과 사귀고 있었다. 디콘은 이 사람과 만나면서 다시 약에 손을 대는 바람에 곧 직장을 잃었다.

디콘에게는 두 가지 선택지가 있었다. 그는 다시 나락으로 굴러 떨어지고 싶지 않았다. 더 멀리 가기 전에 멈출 수 있다고 생각했고, 그대로 실행했다. 디콘은 양면을 모두 경험했다. 외로움과 공허함, 약물 중독으로 얼룩진 무수한 날들을 보냈고, 맡은 일을 잘해내서 사람들에게 칭찬받는 것이 어떤 느낌인지도 알았다. 병원에서 수많은 의료인들에게 둘러싸여 일하는 직업을 얻은 것에 대해 자기 자신에게 고맙고 뿌듯한 마음도 경험했다. 이런 생각 덕분에 디콘은 그 자리에 멈춰 이렇게 말할 수 있었다. "초심으로 돌아가야 해. 약물을 할 때보다 맨 정신으로 일할 때가 훨씬 기분 좋았어."

당연한 선택이었다. 디콘은 연인과 헤어지고 다시 약을 끊었다.

이제 디콘은 전 세계를 돌아다닌다. 예전과는 완전히 다른 길을 걷고 있지만 스스로 매우 만족한다. 그는 다른 사람들에게 배운 덕분에 이렇게 될 수 있었다고 말한다. 좋은 습관을 기르고 올바른 결정을 내리는 사람들, 본받고 싶은 사람들을 보며 더 나은 사람이 되겠다는 의욕을 불태웠다고 한다. 그들은 모두 디콘의 성공을 돕고 이끌어낸 주역이다. 그들은 유명한 연예인이나 큰 부자가 아니라 그저 평범한 사람들이다. 하지만 디콘이 보기에 동료이자 친구인 간호사와 바텐더들은 놀라운 사람들이었다. 디콘은 그들의 다정함을 본받아 실천했고, 결국 그들에게 영감을 받아 오늘날의 모습이 되었다.

최근 몇 년 동안 디콘은 아버지로부터 더없이 자랑스럽다는 말을 몇 차례 들었다고 한다. 디콘이 생각하기에 아버지는 과거를 극복하고 아들과 잘 지낼 수 있으리라고 여기게 된 것 같다고 한다. 아버지가 과거 일을 극복하고 나서 두 사람은 다시 대화를 나눌 수 있었다. 디콘은 이 일을 다행스럽게 여기고 있다. 작년에 아버지가 돌아가셨기 때문이다.

디콘은 부정적인 감정을 유지해서 좋을 일이 없다고 생각했다. 아버지가 필요할 때 곁에 있어주지 않았다는 이유로 증오나 분노를 품어도 달라질 것이 없었다. 혼자 힘으로 자기 길을 찾은 후에는 더 이상 아버지와 연을 끊고 살 이유가 없었다. 이제 그는 아버지와의 관계를 생각하면 마음이 평온하다.

디콘은 나에게 이렇게 말했다.

"세상은 이상한 곳이야. 사람들은 각자 인생에서 많은 고난을 겪지. 오랫동안 엄두도 못 냈지만 난 지금 안정과 편안함을 추구하고 가진 것에 만족하는 중이야."

그는 자기 인생에 가족들이 있었다는 사실에 만족한다. 그리고 사실상 모든 가족 중 자신이 가장 성공한 사람이 되었다고 말한다. 디콘은 말 그대로 맨땅에서 출발하여 먼 길을 걸어왔다. 얼마 전에는 집도 샀다. 어린 시절 노숙 생활을 했던 그에게 집을 산 것은 어마어마한 의미가 있었다. 디콘은 부자는 아니지만 형편껏 가족들과 나누며 산다. 그리고 이것이 그에게는 즐거운 일이 되었다. 그는 다른 사람들의 행복이 곧 자신의 행복이라는 사실을 깨달았다.

디콘은 모든 것이 명확해지는 순간을 경험했다. 나는 신이 개입할 때 이런 일이 일어난다고 믿는다. 이때 우리는 스스로 더 나은 삶을 누릴 자격이 있음을 깨닫는다. 내가 디콘의 사례를 좋아하는 이유는 역경을 깨부수고 나아가는 이야기이기 때문이다. 그토록 암울했던 환경에서 자란 그가 지금 억대 수입을 올리고 있다는 사실은 매우 고무적이다. 다시 말해 어머니는 약물에 중독되어 정서적으로 비정상인 상태였고 아버지는 아들을 있는 그대로 받아주지 않았다. 더 살고 싶은 이유가 있었을까? 디콘의 삶에는 한 줄기 희망도 없었다. 그는 이 세상에 혼자였다. 좋은 삶을 사는 데 쓸 만한 도구가 하나도 없었다. 미래는 황량할 뿐이었다. 하지만 인생의 바닥에서, 그야말로 바닥에 나뒹굴며 명확함을 느낀 그 순간 이후 디콘은 다시 떠오르기로 선택했다.

디콘은 사람들에게서 장점을 발견하고 따라할 수 있는 독특한 능력이 있고 차분한 시선으로 삶을 바라본다. 그래서 나는 머릿속이 뒤죽박죽되어 폭발 직전일 때 늘 디콘을 찾는다. 그는 몇 마디 말이나 질문 한 줄만으로도 내 마음을 고요하게 가라앉힐 수 있다. 그래서 나는 디콘을 내 의사결정 팀의 핵심 구성원으로 생각한다. 그리고 일과 삶, 내면의 갈등, 책에 써낸 내 삶의 이런저런 측면들에 이르는 수많은 문제에 관해 결정을 내릴 때 그와 상의한다. 우리에게는 디콘처럼 상대의 영혼에 말을 걸어주고 인간 영혼의 심오한 힘을 부드럽게 일깨워줄 수 있는 사람이 필요하다.

↓ 나만의 의사결정 팀 만들기

당신은 얼마나 자주 시간을 내서 팀 구성원을 정하고 목록에 적어놓을 수 있는가? 이것은 아주 중요한 일이지만 여기에 따로 시간을 할애하는 사람은 거의 없다. 사실 대부분의 사람들은 이미 주변에 좋은 이들이 있다. 그들에게 더 많은 에너지를 쏟음으로써 진정으로 더 의지하고 더 많은 도움을 받을 수 있다. 특히 더 나은 삶을 위한 결정을 내릴 때는 반드시 든든한 팀이 뒤를 받쳐주어야 한다. 만약 더 나은 팀을 꾸려야 한다면 우선 현재의 팀을 점검해보아야 할 것이다.

현재의 팀에 대해 쓰기 전에, 먼저 의사결정 팀에서 사람들이 어떤 역할을 할 수 있는지 이야기해보자. 이 내용은 원하는 팀원 목록을 더 구체적이고 자세하게 작성하는 데 도움이 된다. 당신이 원하는 팀에 적합한 역할도 있고 그렇지 않은 역할도 있을 것이다. 누군가가 딱 떠오르는 역할도 있을 것이다. 예컨대 이야기를 정말 잘 들어주는 사람이 주변에 있다고 해보자. 이 사람은 당신을 잘 알고 당신의 말에 열심히 귀 기울여주며, 당신이 자기비하에 빠졌거나 기회를 놓쳤을 때 기꺼이 연락해준다. 그런가 하면 당신이 영적 인도자로서 존경하고 따르는 사람도 있을 수 있다. 인맥이 엄청나게 넓고 사람들을 모아 새로운 아이디어를 만들어내기 좋아해서 연결 다리 역할을 해줄 친구도 있을 수 있다.

다음 내용은 당신의 의사결정 팀에 포함시킬 수 있는 역할들의 목록이다.

- **경청의 달인:** 이들은 이야기를 아
  주 잘 들어주는 사람이다. 무슨 일
  이 있을 때 이들에게 말하면 한참
  지나고 나서도 그 일에 대해 자세
  하게 물어봐준다. 이들은 의견을
  제시하기보다 당신부터 염려한다.

  그리고 통찰력 있는 질문을 던져 무의식 속의 생각들을 깨닫
  게 하거나 혼란에서 빠져나오도록 도와주기도 한다. 이런 사
  람과 대화하고 나면 늘 걱정이 줄고 마음이 가벼워진다.

- **상상의 달인:** 이들은 당신이 스스로
  생각하는 모습보다 당신을 훨씬 더
  훌륭한 사람으로 보고 잠재력을 인
  식하도록 돕는다. 이들은 지금 이
  순간부터 먼 훗날까지 당신 곁에
  널려 있는 기회들을 볼 수 있다. 그
  리고 당신이 어떤 놀라운 일들을

  할 수 있는지 깨닫는 데 기꺼이 도움을 준다.

- **동기 부여의 달인:** 이들은 당신이 의욕을 불태우며 명확하고
  실행 가능한 목표를 세우고 돌진하도록 돕는다. 그리고 당신이

행동해야 한다는 걸 알면서도 하지 않고 있을 때 일으켜 세워준다. 어쩌면 이들은 자신의 삶에서 중요한 일들을 하고 있을 수 있다. 아니면 그저 뭐라고 해야 당신이 일어나 움직일지 알고 있는 사람들이다.

할 수 있어!

- **치유의 달인**: 이들에게는 언제나 기대어 울 수 있다. 결과가 기대보다 못해 실망했을 때 찾아갈 수 있는 사람들이다. 이들은 그저 따뜻한 차 한 잔, 안아줄 사람이 필요할 때 곁에

나랑 차 한잔 할까!?

있다. 당신이 속상해할 때 꽃을 보내거나 직접 만든 요리를 가져다주기도 한다. 이들은 당신을 돌보기 좋아하며, 당신 역시 그들의 세상에서는 항상 따뜻하게 환영받는다는 사실을 안다.

- **큰 그림의 달인**: 이들은 당신이 자질구레한 일들에 사로잡혀 있을 때 인생을 큰 그림으로 보도록 해준다. 슬픔에 빠졌을 때는 행복한 일이 얼마나 많은지 알려주고, 장애물에만 집중할 때는 틀에서 벗

인생, 크고 멀리 봐!

어날 수 있도록 해주며, 지금 내리는 결정이 앞날에 어떤 영향을 미칠지 생각하도록 도와주기도 한다.

- **든든한 조력자:** 이들은 당신이 행동할 때 도움을 주는 사람이다. 한밤중에 문제가 생겼을 때도 이들에게 전화해서 도움을 요청할 수 있다. 가끔은 결정을 실행하기 어려운 상황도  있다. 장애물을 극복하기 위해 실질적인 도움이 필요한 경우다. 이때 조력자들은 묻지도 따지지도 않고 조건 없이 도와준다. 이들은 믿을 만하고 든든한 존재다.

- **현명한 상담자:** 이들은 깊은 연륜에서 우러나오는 지혜가 있고 현명하다. 오랜 세월을 견뎌온 윗세대일 경우도 많다. 이들은 어떤 문제든 단순화하고 자신의 경험을 공유하여 당신의 결정을 이끌어준다. 그리고 가장 예기치 못한 곳에 기회가 있을 수 있다는 사실을 깨달은 사람들이다. 또한 이들은 당신이 좁은 시야로 감정적 추론을 하고 있다는 사실을 깨닫도록 해주고, 심지어 영적 수행에 도움이 되

기도 한다.

- **연결의 달인:** 이들은 사람들을 이어주고 '두 세계의 만남'을 이루어내는 데서 짜릿함을 느낀다. 이들은 당신이 관심 있는  주제를 꺼낼 때마다 관심 분야가 비슷한 사람들을 떠올린다. 물론 그중에는 당신과 잘 맞는 사람도 있고 아닌 사람도 있다. 모르는 사람이 없는 것처럼 보이는 이들은 당신이 누구와 잘 어울릴지, 누가 당신에게 힘이 될지 알아내는 비상한 능력이 있다. 심지어 의사결정 팀을 만드는 데도 도움이 될 수 있다.

- **재미의 달인:** 당신은 즐거워지고 싶을 때 이들을 찾는다. 이런 사람들은 잘 웃고 새로운 사람들을 만나기 좋아하며 어디서든 행복할 수 있다. 당신은 이들 덕분에 마음껏 즐기면서 긴장이 풀리고 여유로워진다. 이들은 여유로운 사고방식으로 살아갈 가능성이 높고 당신 역시 그렇게 되도록 도와줄 수 있다.

- **조언의 달인:** 이들은 새로운 정보를 공유하는 데서 무한한 즐거움을 느낀다. 결정을 내리기 전 무언가를 알아야 할 때, 특히 철저한 사실 조사가 필요할 때 이들을 찾을 수 있다. 이때 결정과 관련된 영역에 전문성 있는

전문적인 지식들을 알려줄게.

사람을 선택하는 것이 좋다. 예컨대 재정과 관련된 결정을 앞두고 있다면 회계나 투자 쪽에 경력이 있거나 실적이 좋은 사람이 적절하다. 건강과 관련된 결정이라면 의사나 보건업계 종사자를 조언자로 선택하는 것이 현명하다.

- **배움의 달인:** 이들은 마치 학생처럼 당신에게서 뭔가를 배우기 좋아한다. 이 역할의 장점은 지혜를 나눌 기회를 마련해준다는 데 있다. 게다가 이들의 호기심과 탐구 정신은 당신에게 자극이 될 수 있다. 그런

배워두면 다 쓸 데가 있어.

데 한 가지 알아둘 점은 이들이 사업 아이디어를 가로채거나 따라할 가능성이 있다는 것이다. 이런 위험에 유의하라.

- **심리 치료사:** 심리학 박사 학위가 있는 사람이라는 의미는 아니다. 당신은 진지하고 객관적인 조언이 필요할 때 이들을 찾아갈 수 있다. 이들은 상황을 명확하게 보도록 해줄 수 있지만, 혼란을 일으킬 수도 있으니 조심해야 한다. 이 역할과 관련된 유의점은 이들이 정식 교육을 받지 않고 경험을 바탕으로 조언할 수 있다는 점이다.

내 경험에 따르면 말이야

이 밖에도 당신 머릿속에 떠오르는 다른 역할들이 있을 수 있다. 어떤 역할이든 상관없으니 모두 써보라. 이 목록은 단지 당신이 고려할 만한 사항들을 보여주는 출발점일 뿐이다. 당신이 주변 사람들에게 어떤 역할을 할 수 있는지 자문해보는 것도 좋다. 아니면 당신이 시작하고 싶은 새로운 역할이 있는지도 생각해보자.

의도에 대하여

'의도'라는 말은 그리 좋은 의미로 쓰이지 않는다. 의도는 '어떤 사람이나 집단에 내재하는 목적이나 동기'라는 뜻이지만 그 목적이나 동기가 반드시 악질적이지만은 않다. 나는 대부분의 경우 사람들의 목적이 선하고 긍정적이라고 믿는다. 단지 각자 자신을 위할 뿐이다. 하지만 누군가의 의도가 그 자신을 위한 것이더라도 당신에게 도움이 되지 말란 법은 없다. 내가 살면서 깨달은 바에 따르면 사람들의 의도가 일치할 때 의사결정 팀이 훨씬 더 잘 운영된다. 여러 의도들은 잘 어우러질 때 비로소 도움이 된다. 의도가 일치하지 않을 때 문제가 생기는 법이다.

예컨대 지금 남자 친구와 결혼을 해도 될지 결정하려는 여자가 있다고 해보자. 이 여자는 주변에 의견을 물을 때 그들의 의도를 신중히 고려해야 한다. 그녀의 어머니는 손주가 너무 보고 싶다는 목적을 위해 딸의 남자 친구가 '그냥저냥 괜찮은 사람'이라고 판단할 수 있다. 이 경우에는 어머니와 딸의 의도가 일치하지 않는다. 하지만 어릴 때부터 친하게 지내던 친구는 어떤 선택이 그녀에게 가장 좋을지 고민할 것이다. 따라서 이들의 의도는 일치한다. 이때 친구의 조언이 어머니의 조언보다 더 의미 있다고 볼 수 있다.

결정을 내릴 때 으레 그렇듯 어찌해야 할지 모르겠다고 느낄 때는 그 결정에 대한 다른 사람들의 의도를 걸러내야 하는 상황이 그리 달갑지 않다. 따라서 당신만의 의사결정 팀을 만들 때는 반드시 의도에 유념해야 한다. 결정을 내리기 위해 사람들에게 조언을 구하기 전에 '이 사람의 의도는 뭘까, 내 의도와 겹치는 부분이 있을까?'라고 생각해야 한다.

↓↑ 당신만의 의사결정 팀 만들기

팀에 포함하고 싶은 역할을 구체적으로 생각했으면 이제 당신의 의사결정 세계에 누가 들어올 수 있을지 종이에 모두 써보자. 금방 떠오르는 사람도 있다. 예컨대 결정을 내릴 때마다 배우자나 형제자매 등 자주 이야기를 나누는 사람이 있다면 그 사람들은 분명 팀에 포함될 것이다. 하지만 바로 떠오르지 않는 사람들도 고려하기 바란다. 당신은 팟캐스트 방송에서 들은 조언이나 정보를 바탕으로 결정을 내릴 수도 있고, 팔로우하는 SNS 인플루언서들을 보고 종종 의욕을 얻거나 새로운 방향을 깨달을 수도 있다. 그렇다면 그 사람들 역시 목록에 넣어도 좋다. 다시 말하지만 이 과정은 당신에게 꼭 맞는 팀, 당신이 최고의 자아로 존재하면서 결정을 내리도록 도와줄 의사결정 팀을 만드는 일이니 말이다.

이들은 당신이 능동적으로 결정을 내릴 때뿐만 아니라 결정에 따른 결과를 겪어낼 때도 함께 있어줄 사람들이다. 이 사실을 늘 유념해야 한다. 팀원 중에는 당신이 의심의 소용돌이에 빠졌을 때도 목적을 단단히 붙들고 버티도록 도와줄 사람들도 있다. 예를 들면 외로움 때문에 해로웠던 과거의 관계로 돌아갈까 고민할 때는 아마 치유의 달인과 이야기를 나누게 될 것이다. 큰 그림의 달인이라면 당신이 새로운 일을 시작하기 어려운 상황이더라도 당신에게 더 의미 있는 쪽으로 진로를 바꿔야 하는 이유를 일깨워줄 것이다. 더 건강해지는 방향으로 행동하고 있는데도 살이 빠지지 않는 것 같다고 느낄 때는 동기 부여의 달인이 운동이나 산책을 함께해줄 수 있다. 당신을 위한 것이라면 어떤 역할이든 목록에 반드시 넣도록 하라.

당신이 선택한 팀원들에 대해 써보라. 당장 개선하고 싶은 삶의 영역에 대해 생각하면서 의사결정 팀을 만들어보자. 예컨대 지금 건전한 관계를 맺을 상대를 찾는 데 집중하고 있다면 연애와 관련된 결정에 가장 도움이 될 사람을 주변에서 찾아볼 수 있다. 그것은 아마 동기 부여의 달인이나 큰 그림의 달인일 것이다. 다른 직업을 찾고 있다면 당신과 비슷한 경험을 통해 지혜를 얻은 사람이나 연결의 달인이 필요할 것이다. 급히 해결해야 할 재정적 문제가 생겼다면 동기 부여의 달인이나 든든한 조력자가 필요할 수도 있다. 이때 팀원들이 갖추어야 할 가장 중요한 덕목은 진정한 당신에 대해 알고 있어야 한다는 점, 그리고 당신이 당신답게 존재하도록 도와줄 수 있어야 한다는 점이다. 이것은 이루 말할 수 없이 중요하다. 의사결정 팀을 만들 때 반드시 생각해야 하는 점이다.

또 다른 중요한 점은 포함하지 '말아야' 할 사람을 아는 것이다. 당신은 사랑하는 사람과 좋은 관계를 유지하고 있고 그가 당

✎ 나의 의사결정 팀

신을 아주 잘 알 수도 있다. 하지만 그렇더라도 이를테면 사업과 관련해서는 도움이 안 되는 사람일 수 있다. 그들 스스로 당신의 사업에 대해 잘 안다고 생각하더라도 당신의 상황에는 그들의 조언이 맞지 않을 수 있다. 도우려는 마음은 진심이지만 실제로 도움은 되지 않는다. 누가 이런 사람인지 가려낼 수 있어야 한다.

내 경우에는 어떤 상황 때문에 혼란에 빠지면 조용히 앉아 있거나, 명상하거나, 마음을 좀 더 명확하게 하거나, 한두 사람과 이야기를 나누는 대신 필요 이상으로 많은 사람을 찾아다니는 경향이 있다.

예를 들어 당신이 다시 학교에 다닐지 여부를 결정한다고 해보자. 이때 당신의 의사결정 팀에는 학비 계획을 세워줄 회계사나 당신이 공부하려는 분야의 관련 인물들이 포함될 것이다. 하지만 이 팀에 부모님을 넣으면 안 될 수도 있다. 부모님은 유용한 조언을 해줄 수 없을 가능성이 있다. 요컨대 해당 분야에 적절한 능력을 갖추지 않은 사람에게 조언을 구해서는 안 된다.

또 하나 유의해야 할 점이 있다. 의사결정 팀원은 당신 삶의 주요 인물들이 아닐 수 있다. 팀원은 매일 보고 이야기 나누는 사람이 아니라 어쩌다 한 번 만나는 사람일 수도 있다. 아주 멀리 사는 사람일 수도 있고, 앞서 언급했듯 한 번도 만난 적 없는 프로그램 진행자일 수도 있다. 하지만 당신이 그들의 방송이나 지식에서 도움을 받을 수 있다면 그들을 팀원으로 선택해도 된다.

"누구에게나 팀은 필요하다"

더 나은 삶을 위해 어떤 결정을 내리든 늘 가장 먼저 살펴보아야 하는 곳은 자신의 내면이다. 사실 대부분의 결정에는 다른 사람이 필요하지 않다. 하지만 결정하기 어렵다고 느낄 때 마음을 확실히 정하도록 도와줄 사람들로 구성된 팀이 있다면 얼마나 좋겠는가. 누구에게나 도움이 필요하다. 자기다운 사람이 되는 데도, 특정한 행동에 나서기 위해서도 도움이 필요하다. 당신은 이 내용을 읽으면서 당신의 진정한 모습을 아는 사람이 별로 없다고 생각할지도 모른다. 자아 찾기라는 이 끝없는 여정을 계속하는 우리 모두에게는 자신을 있는 그대로 사랑해주는 사람들이 필요하다. 공동체는 이런 우리를 성장시키고 길잡이가 되어 인생을 헤쳐 나가게 해준다. 사람들이 재활 모임, 교회, 자기계발 세미나와 대규모 행사에 가는 이유는 바로 이런 공동체가 필요하기 때문이다.

↓ 당신의 팀원, 코치 마이크

당신이 알았으면 하는 점이 또 하나 있다. 바로 나를 의사결정 팀에 넣어야 한다는 것이다. 팟캐스트에서 진행하는 인터뷰를 비롯하여 내가 만드는 모든 콘텐츠는 당신이 더 나은 삶을 위해 이용할 수 있는 정보다. 나는 사람들의 감동적인 사연을 아주 좋아하고 그들의 선택을 보면서 의욕이 솟는다. 당신 역시 그러리라 생각한다. 나는 날마다 긍정적인 콘텐츠를 만들어 세상에 내보내기로 결정한다. 그리고 당신이 삶을 변화시키는 자신의 능력을 더 잘 알게 되고 매일 반복되는 결정 과정에서 내가 공유하는 정보와 아이디어에 힘입어 새로운 방향으로 나아가기를 바란다. 어떤 SNS에서든 @CoachMikeBayer를 찾으면 된다.

↓ 당신 역시 든든한 팀원이 되라

또 하나의 중요한 점은 다른 사람들에게도 제각각 팀이 있다는 사실이다. 누구나 자기만의 팀이 있으므로 당신 역시 다른 사람들의 팀원일 가능성이 매우 높다. 모든 사람에게 모든 역할을 다 해주려고 애쓸 필요는 없다. 다시 말해 사람마다 각자의 역할이 있는 법이다. 그러므로 훌륭한 팀원이 되고 싶다면 당신이 구체적으로 어떤 역할에 적합한지 생각해보라. 여기서 당신의 목적은 그들을 있는 그대로 사랑하고 그 모습을 유지하도록 도와주는 것이다.

당신이 한 사람의 팀원으로서 그들에게 무언가를 해줄 수 있어 기분이 좋다면 그들 역시 그 긍정적 에너지를 느낄 것이다. 서로에게 이득이다. 누군가 자신을 있는 그대로 봐주는 것은 참 기분 좋은 일이다. 이 점을 염두에 두고, 그들이 당신에게 있는 그대로 받아들여진다고 느낄 수 있도록 열심히 도와주자.

CHAPTER
11

진정한 행동의 시작

지금쯤 당신은 포스가 어떻게 작용하는지 이해했을 것이다. 그 이해를 바탕으로, 당신이 언제 부정적 포스에 영향을 받는지 깨닫고 그것을 긍정적 포스로 바꾸는 연습을 시작했기 바란다. 당신은 이제 인식에 따라 장애물이 기회로 바뀔 수 있다는 사실을 안다. 그리고 이 여정을 혼자 헤쳐 나갈 필요가 없다는 중요한 점도 이해할 것이다. 우리는 궤도를 이탈하지 않도록 도와줄 팀이 있을 때 더 강해진다. 나는 당신이 이 책을 읽고 여기 나오는 연습들을 모두 해본 후에 최고의 자아로서, 진정한 자기 자신으로서 세상과 삶을 보는 힘이 생겼다고 느끼기 바란다. 이 책의 모든 개념과 연습들은 당신이 최고의 자아로서 행동하도록 도와주기 위한 것이다. 하지만 단지 내면에만 치중하지 않고 삶 전체가 진정한 자아와 일치하도록 도와줄 것이다.

당신은 이 책을 읽으면서 "그래! 나도 이렇게 똑같이 느꼈어!", "맞아, 나도 이런 생각에 갇혀 있었지"라고 생각했을 것이다. 누구나 살면서 부정적 포스의 결과를 경험한다. 그래도 괜찮다. 우린 사람이지 않은가. 중요한 점은 자신이 부정적 포스의 통제를 포기하지 않고 힘내서 기회를 붙잡은 적이 있음을 깨닫는 것이다. 다시 말해 당신은 장애물로 인식할 수도 있었던 일을 헤쳐 나가 기회를 거머쥐었던 경험이 분명 있었을 것이다.

내 인생에서 몇 가지 사례를 소개하자면 다음과 같다.

1. **장애물**: 필로폰에 중독되었고 항상 중독에 휘둘린다고 믿었다.
2. **기회**: 다른 사람들도 필로폰을 끊었으므로 나도 할 수 있다는 것을 깨달았다.
3. **하나의 결정**: 부모님께 연락해서 치료소에 들어가기로 했다.
4. **결과**: 필로폰을 끊었고, 18년 동안 마약에 손을 대지 않았다.
5. **보너스**: 상담가가 되었고 나중에는 CAST센터라는 이중진단(dual diagnosis, 중독 이외에 다른 정신 건강 문제가 있다는 진단-옮긴이) 치료센터를 설립했다.

1. **장애물**: 목 디스크 수술을 받았다.
2. **기회**: 수술한 지 3일 만에 〈닥터 필〉 토크쇼 출연 요청을 받았다.

3. **하나의 결정:** 쇼에 출연하기로 했다. 물론 집에서 멍하니 넷플릭스 몰아보기를 할 수도 있었지만, 터틀넥 스웨터로 흉터를 가리고 필 박사 옆에서 사람들을 격려하고 도와줄 수도 있었다. 집에서든 무대에서든 어차피 앉아 있었을 테니 말이다. 의사 말로는 너무 많이 움직이지만 않으면 괜찮다고 했다. 그래서 나는 출연을 결심했고 이 일을 기회삼아 TV에 나오면서 나 자신을 자랑스럽게 여길 수 있었다.

4. **결과:** 좋은 방송 한 편이 만들어졌다. 터틀넥 스웨터 차림으로 TV에 출연하는 일은 부디 마지막이길 바랐다.

5. **보너스:** 내가 생각보다 회복력이 뛰어나다는 걸 깨달았다.

1. **장애물:** 책을 내자는 제의를 받았다. 이것 자체는 정말 멋진 일이었지만 나는 난독증과 주의력 결핍증이 있어서 학교 성적이 좋지도 않았고 내 생각과 개념들을 책의 형태로 써내겠다는 생각은 엄두도 낼 수 없었다. 솔직히 악몽 같은 일이었다.

2. **기회:** 위를 보자! 처음에 장애물로 보았던 이 상황은 사실 엄청난 기회였다. 사람들은 나를 전적으로 믿어주었고, 마침내 나는 할 이야기가 있다는 것을 깨달았다.

3. **하나의 결정:** 출판 제의를 받아들여 《베스트 셀프》를 써냈다. 다른 작가들에 비하면 시간이 오래 걸리긴 했지만 뭐 어떤가!

4. **결과:** 나는 뉴욕 타임스베스트셀러 작가가 되었다. 이후 《베스트

셀프》의 심화 지침서와 지금 당신이 읽고 있는 책까지 써냈다. 2년 안에 세 권의 책을 써낸 것이다!

1. **장애물:** 이혼한 부모님, 강박적이고 자기 파괴적으로 행동하는 형제자매와 함께 감정적으로 힘든 환경에서 자랐다.

2. **기회:** 어린 시절부터 이런 난관을 헤쳐 나가는 법을 배웠기 때문에 그 안에서 허우적거리는 것보다 나은 삶을 살 수 있었다.

3. **하나의 결정:** 심리 치료를 받기로 했다. 과거를 극복하여 더 나은 사람이 되었고 다른 사람들을 도울 수 있었다.

4. **결과:** 치유되었고, 개인적 성장을 이루었으며, 타인에게 연민을 느낄 수 있게 되었다.

5. **보너스:** 나에게 닥친 난관들 덕분에 더 나은 사람, 이해심 있는 사람이 되었다.

이제 당신 차례다. 장애물로 인식할 수도 있었지만 기회로 바꾼 경험이나 상황을 세 가지 이상 써보라. 그리고 당신이 내렸던 하나의 결정과 그 결과에 대해 쓰고, 예상치 못한 보너스가 있었다면 그것도 써보라.

장애물	
기회	
하나의 결정	
결과	
보너스	

장애물	
기회	
하나의 결정	
결과	
보너스	

장애물	
기회	
하나의 결정	
결과	
보너스	

보다시피 당신은 이미 과거의 환경이나 장애물들을 극복한 경험이 많다. 당신에게 그럴 능력이 있다는 것을 지금 두 눈으로 확인했을 것이다. 그런데 당신이 여기 적은 결과들을 예상할 수 있었을까? 그럴 리 없다. 여기서는 바로 이 사실에 중점을 두고자 한다. 결과는 우리 능력 밖의 일이고, 우리는 무엇을 기대해야 할지 결코 알 수 없다. 사실 대부분의 경우 결정에 따른 결과들을 돌이켜보면 당시의 상상이나 예상을 한참 벗어난 놀라운 '보너스'가 있었음을 알 수 있다. 내가 학습 장애와 주의력 결핍 덕분에 힘든 성장기를 겪은 이들과 공감대를 형성할 수 있다는 걸 누가 알았겠는가? 그리고 내가 어릴 때 농구를 한 덕에 지금까지 건강하고 활동적인 성향을 유지할 수 있다는 걸 어찌 알았겠는가? 이것들은 그야말로 예상치 못한 보너스다. 이렇게 보너스가 생길 가능성을 동력 삼아 끊임없이 인생을 하나의 기회로 여기고 최고의 자아로서 하나의 결정을 내려보자.

"우주는 당신을 쓰러뜨리려고 하지 않는다"

방금 당신이 스스로 증명했듯, 우주는 당신이 이기기를 바란다. 하지만 당신이 원하는 것을 당장 준다는 이야기가 아님을 기억하라. 간절히 원하더라도 실제로는 당신에게 가장 이로운 일이 아닐 수 있기 때문이다. 당신은 여러 이유로 어떤 일자리를 간절히 원할지도 모르지만 실제로는 금세 더 좋은 일자리가 생길 수 있다. 단지 당신이 그 사실을 알지 못할 뿐이다. 당장은 그 일자리를 놓친 이유를 알 수 없겠지만 우주가 최선의 길을 안다고 믿어야 한다. 원하는 결과를 얻으려고 애쓰기보다 그저 자기 자신으로 존재하라. 그러면 염원하는 대상에서 초점을 거두고 통제하려는 마음을 내려놓음으로써 상상도 못했던 가능성에 닿을 수 있다. 요컨대 진정성 있는 행동을 취하면 비록 예상했던 결과를 정확히 얻지는 못하더라도 당신을 위해 준비된 훨씬 놀라운 무언가를 가질 수 있다. 우주가 움직이는 것이다.

↓ 더 나은 삶을 위한 결정들

지치고 힘든 일을 지겹도록 겪고 나면 당신은 자신을 지키고, 삶을 개선하고, 더 많이 사랑하고 평온해지기 위해 뭐든 해야 한다고 느낄 것이다. 그 여정은 항상 최고의 자아로서 행동하겠다는 하나의 결정과 함께 시작된다. 자꾸만 일이 어긋나는 것은 자신의 진심이나 운명을 따르지 않기 때문이다. 하지만 이제 당신은 최고의 자아로서 결정을 내릴 것이므로 앞으로 당신의 진정성에 어긋나지 않는 길만 걸으리라고 확신할 수 있다.

　이제 스스로 질문해보자. 나는 정말로 어떤 결정을 내리고 싶은가? 이 책을 읽고 변화의 여정을 시작한 이후 이 질문에 대한 당신의 생각은 계속 바뀌었을지도 모른다. 인식이 변했을 수도 있고, 더 나은 삶을 살게 되어 내려야 할 결정이 달라졌을 수도 있다.

당신에게 가장 이롭다는 생각이 드는 결정들을 쭉 써보라. 어떤 관계를 끝낼 수도 있고, 새로운 여정을 시작하기로 할 수도 있다. 어쨌든 지금 당장 삶을 개선하는 데 도움이 될 진심 어린 결정을 다섯 개 정도 내린다면 큰 변화가 시작될 것이다.

이전에도 언급했듯 우리는 하루 종일 결정을 내리지만 조용히 앉아 그 결정들을 신중히 검토하는 일은 거의 없다. 속도를 늦추고 더 나은 삶으로 이어질 결정을 내리는 대신 하루하루 겨우 살아낼 뿐이다. 이제는 수동적으로 반응하는 결정만 내리는 습관에서 벗어나 자신의 힘과 진정성에서 우러나는 결정을 내리기 시작할 때다. 그리고 나는 당신이 이렇게 지금 당장 목적 있는 결정을 내리기 시작한다면 상황이 달라지리라고 믿는다.

지금 내릴 수 있는 결정들 중 삶에서 긍정적인 변화를 이뤄낼 수 있는 결정을 다섯 가지 써보라.

지금까지 이 책에서는 전과 다르게 생각하는 법에 초점을 맞춰 왔다. 지금쯤 당신은 포스가 당신에게 미치는 영향에 익숙해졌을 테고, 장애물보다 기회에 대해 생각하고 있을 것이다. 이번에

✎ 나의 결정들

는 전과 다르게 '행동'할 차례다.

  발목을 잡던 것이 무엇이든 더 이상 당신을 막지 못한다. 당신은 이제 과거의 잔해를 말끔히 치우고 세상 어디에서든 기회를 발견할 수 있는 도구가 생겼다. 뭘 망설이는가? 이제는 굳은 믿음으로 나아가 무슨 일이 일어나는지 지켜볼 때가 왔다. 소리 내어 말해보라. "이제 내 차례야!" 다시 한 번 크게 외쳐보라. "이제 내 차례야!" 당신이 어딘가에 전화를 걸었는데 거절당했다고 생각해보자. 다시 말하지만 거절은 신의 가호이자 새로운 기회가 임박했다는 신호다. 하지만 첫걸음을 내딛지 않는다면 그 사실을 결코 알 수 없다. 집을 사고 싶은데 위험을 무릅쓰기 두려운가? '오늘' 집을 보러 다니기 시작하라. 꼭 어떤 일을 벌일 필요는 없지만 최소한 시작은 할 수 있지 않은가. 요컨대 미루지 말라는 말이다.

"첫걸음을 내디뎌라"

이 장에서는 결정을 바로 행동에 옮기는 방법을 제시하려 한다. 여기에는 중요한 본질이 내재되어 있다. 즉 삶은 늘 변하고 원하는 것 역시 쉽게 변한다는 사실이다. 오늘 보이지 않던 기회가 내일은 보일 수도 있다. 따라서 행동도 그에 맞춰 달라져야 한다. 이런 이유로 나는 흔히 말하는 '목표 설정'을 그리 좋아하지 않는다. 하나의 목표에만 초점을 맞추면 매우 경직된 태도가 나타나기 쉽고, 더 크고 훌륭한 잠재적 목표를 간과할 위험도 있다. 그러니 더 나은 삶을 위한 결정에 필요한 이 도구들을 이용하되 새로운 결정들에 항상 눈과 마음을 열어두기 바란다.

> "당신은 더 나은 인생을 살기로 결정했다.
> 이제 행동해보자"

↓ 도움 안 되는 행동 걸러내기

어떤 결정을 내리려는 이유를 알았으면 행동에 돌입할 차례다. 나는 인생 코치로서 '행동'에 집중한다. 변화를 일으키기 위해서는 먼저 결정을 내린 다음 성공하는 방향으로 행동해야 하기 때문이다. 하지만 특히 오랫동안 같은 일을 해온 경우에는 하나의 결정을 실행하기 위해 어떤 식으로 다르게 행동해야 하는지 정확히 알기 어렵다. 그래서 나는 먼저 '도움이 안 되는' 행동을 알아내는 데서 시작하기를 좋아한다.

예를 들어 설명하자면 이렇다. 당신이 현재 체중에 만족하지 못해서 살을 좀 빼고 싶어 한다고 해보자. 우리는 당신의 현재 행동 중에서 과체중을 유지하게 하는 행동들을 찾아낼 것이다.

나는 보통 이 과정을 하나의 주기로 표현한다. 하나의 행동이 다음 행동, 그다음 행동으로 이어져 악순환이 되기 때문이다. 이것은 다음 그림처럼 표현할 수 있다.

이 악순환에서 벗어나려면 그저 하루 일과를 살펴보고 변화를 가로막는 행동을 찾아내면 된다. 여기서는 살 빼는 데 방해되는 행동을 찾는 것이다. 도움이 안 되는 행동을 아는 것은 멈춰야 할 행동을 알아내기 위한 첫 단계다.

이번에는 앞서 적은 다섯 개의 결정 목록을 보고 그와 관련된 삶의 영역에 도움이 되지 않는 행동들을 각각 적어보자. 아마 그 목록에는 전부터 생각해온 결정도 있을 것이다. 예전에도 결심 했지만 잘 실행되지 않은 일이 있는지 살펴보라. 변화를 원하는 삶의 영역에서 제자리걸음만 반복하게 하거나 변화에 방해되는 행동의 목록을 써보라. 즉, 그 영역에서 문제가 지속되게 하는 당신의 행동은 무엇인가?

이제 결정한 것을 어떻게 행동으로 옮길지, 삶을 개선하기 위해 멈춰야 할 행동은 무엇인지 알았을 것이다. 그냥 생각만 하는 대

신 실제로 모두 써보는 편이 낫다. 인생에 도움이 안 되는 행동들을 똑바로 마주하면 새로운 목표를 위해 일상에서 어떤 결정들을 바꿔야 할지 깨닫기가 훨씬 쉬워진다.

✧ 행동이 어떻게 달라져야 하는지 알아보기

긍정적 변화를 방해하던 행동을 일단 멈추고 발전에 도움이 될 행동들로 그 자리를 대체하는 것은 크게 도움이 된다. 사실 습관을 '고칠' 수는 없다. 그저 습관적인 행동을 새로운 행동으로 대체할 뿐이다. 나쁜 습관을 당신에게 가장 이로울 행동으로 대체할 기회는 바로 '지금'이다.

알다시피 하나의 결정에는 서로 관련 있는 여러 가지 결정들이 따라온다. 이 결정들은 삶에서 원하는 바를 이루기 위해 필요한 조치나 행동들을 나타낸다.

예를 들어 인간관계를 개선하고 절친한 친구를 만들고 싶다면 달리기 모임이나 미술 강좌처럼 관심사를 공유하는 사람들을 만나면 된다. 이때 '시작'해야 하는 행동은 이런 공동체 활동에 참여하는 것일 수 있다.

살을 빼고 싶다면 배가 고파서 기름이 뚝뚝 떨어지는 치즈버거를 먹고 싶다는 생각이 들기 전에 미리 식사를 준비하는 습관

을 들일 수 있다. 그리고 습관적인 간식 섭취를 멈추고 늘 생수
한 병을 가지고 다니면서 간식 대신 물을 조금씩 마실 수도 있
다. 체중 감량에 도움이 되는 또 다른 행동으로는 현실적인 운동
일정을 선택하고 실행하는 것도 있다.

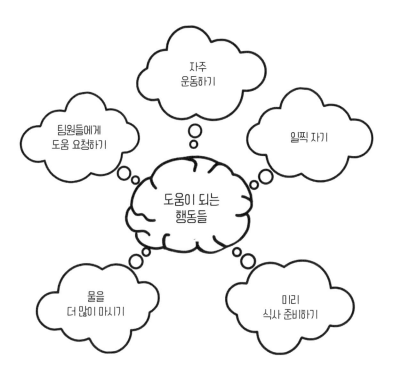

이제 당신 차례다. 당신이 하나의 결정을 뒷받침하기 위해 시작
해야 하는 행동은 무엇인가?

인생에 방해가 되는 행동 대신 도움이 되는 행동들을 시작하는 순간 정말 흥미로운 일이 일어난다. 그리고 자연스럽게 그 속도가 빨라진다. 목표에 가까워질 수 있는 결정을 내리고 그에 따라 행동할수록 그런 행동을 점점 더 많이 하게 된다. 힘들게 애쓰지 않아도 오래지 않아 하나의 결정을 뒷받침하는 행동이 일상에 자리 잡기 시작한다. 그리고 이 모든 일은 글로 쓰고 행동을 시작하는 데서 출발한다.

⋎ 의사결정 팀을 작동시키기

멈춰야 하는 행동과 시작해야 하는 행동에 대해 명확히 알았다면, 그다음 단계는 하나의 결정 팀을 끌어들이는 것이다. 10장에서 알아보았듯 의사결정 팀에는 많은 역할이 있고 당신이 하려는 일에 따라 그중 하나의 역할만이 필요할 때도, 여러 역할이 필요할 때도 있다. 특히 무언가를 시작할 때 더욱 그렇다.

예컨대 살을 빼려고 한다면 식사와 운동 계획에 대한 결정에 조언할 '현명한 상담자'가 몇 명 필요할지도 모른다. 이들은 일대일 운동 전문가 혹은 인스타그램에서 다이어트나 운동에 대해 늘 훌륭한 조언을 하는 사람일 수도 있고, 20kg 넘게 뺀 방법을 알려줄 수 있는 친구일 수도 있다. 그런가 하면 새로운 생활방식에 따른 모든 결정을 보고할 수 있는 '든든한 조력자'가 필요할지도 모른다. 당신은 매일 얼마나 달라졌는지 이들에게 문자나 이메일로 이야기할 수 있고, 잘 해내고 있는지 일주일에 한두 번씩 함께 살펴볼 수도 있다.

목표에 맞는 구체적인 팀원들을 신중하게 고르고 그들에게 의지하고 도움받아 실행 궤도를 유지해보자.

↓ 모든 과정을 종합하기

이 모든 과정을 종합하면 어떻게 될까? 이제 의사결정 팀의 활동 계획을 생각할 차례다. 첫 번째 칸에는 '살 빼기'라고 쓰여 있다. 이건 하나의 결정이다. 그다음 칸에는 '의사결정 팀 만들기'와 '멈출 행동, 시작할 행동'이라고 쓰여 있다. 이것이 지금까지 살펴본 중요한 두 단계다. 가장 오른쪽으로 가면 팀원들의 이름이 있고 당신이 멈추거나 시작할 행동들이 쓰여 있다.

이 흐름도는 사람마다, 결정마다 다르다. 삶에서 변화를 일으키려면 의도를 가지고 결정을 내려야 한다. 그리고 그 의도를 가장 잘 실현하는 방법은 글로 써봄으로써 계속 의도를 떠올리며 의욕을 불태우는 것이다.

흐름도의 예는 다음과 같다.

의사결정 팀의 활동 계획 흐름도 예시

- 하나의 결정: 살빼기
  - 의사결정 팀 만들기
    - 현명한 상담자: 영양사
    - 현명한 상담자: 트레이너
    - 든든한 조력자: 책임 파트너
  - 멈출 행동, 시작할 행동
    - 집에서 군것질거리 치우기
    - 매일 혹은 자주 운동하기
    - '야식 금지'를 떠올릴 장치 만들기 (메모, 알람 등)

이번에는 당신 차례다. 당신이 원하는 종이나 일기장에 써도 되고, 빈칸만 채우면 되는 이 흐름도를 사용해도 좋다.

우주에 맡기기

하나의 결정에 이어 그와 관련된 모든 결정을 내리는 것은 아주 신나는 일일 수 있다. 이제 당신은 더 나은 삶을 만들어갈 힘이 자신에게 있고, 그러기 위해 행동을 취하고 있다는 사실을 알게

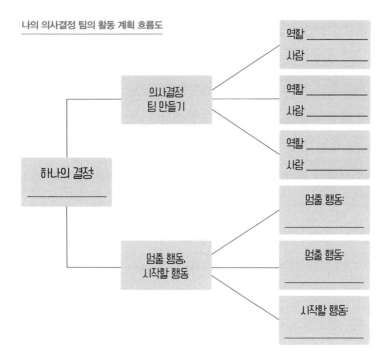

나의 의사결정 팀의 활동 계획 흐름도

하나의 결정:
_____

의사결정
팀 만들기

역할 _____
사람 _____

역할 _____
사람 _____

역할 _____
사람 _____

멈출 행동,
시작할 행동

멈출 행동:
_____

멈출 행동:
_____

시작할 행동:
_____

되었다. 이것은 정말 멋진 일이다. 하지만 이 과정에서 반드시 필요한 마지막 단계에 주목해야 한다.

"우주가 결과를 결정하도록 내맡겨라"

내가 약을 끊기 전 포덤대학교에 다닐 때 철학 수업에 과제를 하나 제출해야 했다. 역사상 유명한 철학자 두 명이 현대에 와서 한 가지 주제로 논쟁한다면 어떨지 쓰는 과제였다. 요컨대 과제의 핵심은 '이 철학자들이 오늘날 살아 있다면 각자 어떤 주장을 펼치겠는가?'라는 질문이었다.

　이 과제는 1년 동안 수업한 내용과 관련이 있었다. 하지만 솔직히 말하자면 나는 수업의 절반은 결석했고 나머지 절반은 약에 취한 상태로 출석했다. 짐작하겠지만 나는 마리화나에 취한 사람이 할 법한 철학적 생각들을 했다. 이를테면 갑자기 세계 평화 문제를 해결하는 법을 찾았다든지 인생의 의미를 발견했다든지 하는 생각에 빠지곤 했다. 그러니 교수님이 원하는 답이 나올 리 없었다.

　말하자면 길지만, 나는 이 과제를 24시간 안에 써내야 했다. 하지만 농담이 아니라 내가 쓰려면 몇 주는 족히 걸릴 터였다. 우리 형 데이빗에게는 대니얼 레러(Daniel Lehrer)와 제러미 레러(Jeremy Lehrer, 〈The Fabulous Furry Freak Brothers〉, 〈Highly Gifted〉를 그린 형제 만화가-옮긴이)라는 쌍둥이 친구가 있었다. 지금도 그렇지만 이들은 그야말로 천재였다. 나는 이 형제에게 전화해서 과제를 해달라고 애원했다. 그러지 않으면 나는 완전히 망한다고 말이다. 과제를 하지 않으면 낙제점을 받아 그 수업을 처음부터 다시 들어야 할 터라 공포 그 자체였다. 그래서 그들은 내 부탁대로 과제를 해주었다. 나는 그들이 쓴 과제물을 읽고 창의적인 아이디어에 놀랐다. 아마도 데카르트와 소크라테스였던 것 같은데, 이 두 철학자가 맞붙어 온갖 증거를 대면서 각자의 주장을 맹렬하게 입증하는 내용이었다. 나는 여기에 손끝 하나 건드리지 않은 채 그대로 제출했다.

일주일 후 교수님이 돌려준 과제 표지에는 빨간 글씨로 커다랗게 F라고 쓰여 있었다. 당연했다. 교수님은 그 과제에 내 생각이 한 글자도 안 들어갔다는 사실을 알고 계셨다. 최악인 점은 이 과제의 점수가 전체 성적의 3분의 1에 해당한다는 것이었다. 이 과목 때문에 내 성적표는 더 엉망이 되었다.

몇 년 후 나는 약물과 알코올 중독자를 위한 상담가가 되기 위해 정신 약리학 수업을 듣고 있었다. 중독에서 벗어난 후의 일이었기 때문에 더 이상 약에 취해 흐릿한 정신으로 결정을 내리고 있지는 않았다. 그런데 그때 충동적인 결정을 내린 일이 있었다. 사전에 계획한 것도 아니고 나 자신도 충동적인 행동임을 알고 있었다. 시험을 보다가 옆에 앉은 응시생의 답안을 흘깃 훔쳐본 것이다.

그 후의 일은 말하지 않아도 알 것이다.

그 시험을 위해 열심히 공부했고 거의 모든 답을 알았는데도 나는 충동적으로 그 사람의 답을 베껴 썼다. 시험이 끝나 시험지를 제출한 다음 밖으로 걸어 나가던 나는 또 한 번 충동적인 결정을 내렸다. 발길을 돌려 곧장 교수님에게 가서 불쑥 말했다.

"제가 부정행위를 했습니다. 다른 사람 답을 베껴 썼습니다."

그다음엔 어떻게 될지 몰랐고, 사실 어찌되든 상관없었다. 그저 순식간에 마음이 편해졌을 뿐이다. 교수님은 깜짝 놀라 눈이 휘둥그레졌고 미간을 찌푸리며 혼란스러운 표정을 지었다. 아마 내가 장난치고 있다거나 정신이 이상하다고 생각했을지도 모른다. 교수님이 나에게 물었다.

"지금 낸 이 시험지 말인가요?"

"네. 다른 사람 답안지를 보고 썼습니다. 죄송합니다."

교수님은 고개를 끄덕이고 이렇게 말했다.

"고마워요, 마이크."

나는 강의실을 빠져나왔다.

다음 주 수업에서 알게 된 시험 점수에 나는 깜짝 놀라고 말았다. 내 점수는 A였다. 나는 수업이 끝나고 교수님에게 갔다. 내가 뭐라 말하기도 전에 교수님은 "정직하게 말해줘서 고마워요"라고 말하고 바로 다음 학생을 봐주기 시작했다.

보다시피 내 결정은 충동적이었다. 분명 부정행위는 절대 용납될 수 없는 행동이고, 나도 알고 있었다. 하지만 난 대충 넘어가놓고 그러지 말았어야 했다고 후회하거나 계속 찜찜한 마음에 시달리는 대신 곧바로 잘못을 시인했다. 교수님이 이 일을 학장님께 보고할 수도 있었다. 그러면 어떻게 되었겠는가? 하지만 나는 잘못된 결정에 대해 진실을 말했기 때문에 결과가 어찌됐든 괜찮았다. 우주는 내가 상황을 모면하게 해주기로 결정했고 나는 그것에 감사했다.

나는 사람이 달라질 수 있다고 생각한다. 내가 달라지면 내 결정과 나를 둘러싼 세상도 달라진다. 이제 당신은 최고의 자아로서 결정하는 법을 알게 되었으니 삶의 어떤 부분에서든 변화를 일으킬 힘도 생겼다.

결정을 내릴 때는 우리가 통제할 수 있는 부분이 많다. 하지만 결과를 통제하거나 예측하기는 불가능하다. 절대로. 하지만 웅크리고 앉아 두려움에 떨며 일이 어떻게 될지 촉각을 세우기보다는 상황을 편하게 받아들이기로 선택할 수 있다. 최고의 자아로서 결정을 이미 내렸기 때문에 평온하게 우주에 결과를 내맡기면 된다. 할 일을 하고 모든 일을 계획대로 끝낸 후에 '결과는 신에게 맡긴다'라고 생각할 때 조금 이상한 기분이 들 수는 있다. 하지만 사실 '내맡김'은 곧 '자유로움'을 의미한다. 우주는 우리의 기대보다 훨씬 더 놀라운 일을 계획할지도 모른다. 우리의 변화에 따라 무언가도 함께 변할 것이다. 단지 예상보다 훨씬 더 좋은 일이 일어날 수 있을 뿐이다.

당신은 하나의 결정을 내렸다. 그것은 바로 최고의 자아로서 모든 결정을 내리겠다는 결정이다. 그리고 지금은 그것을 실행하는 데 필요한 일들을 하고 있다. 우리가 할 일은 여기까지다. 나머지는 신, 우주, 혹은 당신이 생각하는 더 높은 존재의 손에 달렸다. 우리는 최고의 자아로서 기회의 렌즈를 통해 세상을 보고 신중히 결정했다고 확신하면 된다.

바로 지금, 우주에게 결정권을 넘기겠다는 뜻으로 아래의 구절을 소리 내어 말해보기 바란다. 나는 거울 앞에서 만트라를 말하는 것을 좋아한다. 내 눈을 똑바로 보고 영혼을 향해 말하는 느낌이 들기 때문이다. 아래에 예시를 하나 적기는 했지만 당신 마음에 와닿을 당신만의 만트라를 자유롭게 써보기 바란다.

나는 기회의 렌즈로 세상을 보고
최고의 자아로서 결정을 내렸다.
나는 뭘 해야 하는지 알고 있다.
이제 우주가 결과를 결정하도록 내맡기기로 한다.
통제하려는 마음을 내려놓고 평화를 선택한다.

만트라를 쓰고, 마음을 다잡아야 한다고 느낄 때마다 언제든 떠올릴 수 있도록 마음속에 항상 간직하라. 세상에서 가장 긴 여정은 머리에서 가슴에 이르는 길이다. 이 길을 조금 쉽게 걸어가는 방법은 온전히 있는 그대로 존재할 수 있도록 마음을 열어두는 것이다. 그리고 오늘도 감사할 일이 많이 있다는 것, 이 세상에서 지내는 짧은 시간 동안 진심을 담은 결정을 내리며 살아야 마땅하다는 사실을 기억하는 것도 중요하다. 내가 말하는 진심이란 삶에 대한 사랑, 기회를 발견하는 기쁨, 난관을 뛰어넘는 능력, 무엇이든 그 반대편으로 가볼 수 있는 자유, 다시 원래대로 돌아갈 수 있는 회복력을 의미한다.

✦ 한 점 부끄럼 없는 진정성

여기까지 읽었다면 당신은 정말 놀라운 사람이다. 이렇게 자신을 깊이 들여다보게 하는 책을 끝까지 읽지 못하는 사람이 많으니 말이다. 버거웠을 수도 있지만 당신은 해냈다. 다른 건 몰라도 이것 하나는 배웠기를 진심으로 바란다. 당신은 당신이 '되어야 하는' 바로 그 존재 자체다. 당신이 이걸 깨달았다면 내가 할 일은 끝났다.

> "이제는 변명할 필요 없이
> 최고의 자아로서 인생을 살아가면 된다"

이 책 첫머리에서 이야기했듯 진정성 있게 살기 위해서는 날마다 그러기로 결정해야 한다. 늘 성공할 수는 없겠지만 말이다. 이 책에서는 인생에서 궤도를 이탈했던 내 경험들을 소개했다. 그런 일들은 앞으로도 계속 일어날 것이다. 하지만 이제 당신은 돌아갈 길을 찾고, 긍정적 포스를 이용하고, 다시 최고의 자아로서 결정 내리는 법을 알게 되었다. 나 역시 당신을 도울 것이다. 내 채널에서 얼마든지 나를 팔로우해주기 바란다. 당신은 나와 우리 팀이 만든 《원 디시전》북 클럽에서 다양한 사람들의 집단을 만날 수 있다. 재미있고 의욕을 불어넣어주는 공간이다.

당신도 함께하기 바란다. 어디서든 @CoachMikeBayer를 찾으면 된다.

다음 만남을 기약하며 당부의 말을 남긴다.

결정하라!

당신 자신을 결코 포기하지 않겠다는 결정

당신의 독특함을 끌어안겠다는 결정

변명하는 목소리를 침묵하게 하겠다는 결정

음식 맛은 평가해도 사람은 평가하지 않겠다는 결정

이미 문제의 해결책 안에 있다고 믿겠다는 결정

과거의 고난을 회복력의 증거로 여기겠다는 결정

정신적으로 고양되는 일에 시간을 투자하겠다는 결정

다른 사람들 역시 고양시켜주겠다는 결정

조건 없이 사랑하겠다는 결정

당신 이야기를 털어놓겠다는 결정

당신 자신을 사랑하겠다는 결정

감사의 글

가장 먼저 브라이언 타트와 에밀리 분더리히, 그리고 바이킹 출판사의 훌륭한 우리 팀원들에게 감사하고 싶습니다. 이 분들은 이 책을 만드는 동안 강력한 동반자가 되어주었습니다. 엄청난 끈기로 의욕을 북돋아준 잰 밀러에게도 감사를 전하고 싶습니다. 출판 대리인 레이시 라린 린치는 이 책을 쓰는 데 핵심적인 역할을 했습니다. 레이시, 당신은 내가 정직하게 글을 쓰고 생각을 공유하도록 격려해주었어요. 나를 함부로 재단하지 않고 끝없이 인내하며 경청해주었고, 내가 결정을 내리고 그것을 글로 옮기는 과정을 훌륭한 능력으로 뒷받침하며 시종일관 이 책을 지켜주었지요. 대브니 라이스, 당신은 보이지 않는 곳에서 귀중한 도움을 주었습니다. 당신의 헌신에 감사합니다.

필 박사가 없었다면 이 모든 일이 불가능했을 겁니다. 필 박사는 나를 지지해주고, 가르쳐주고, 인생을 전반적으로 더 잘 헤쳐 나가도록 도와주었습니다. 당신을 친구라 부를 수 있어 그야말로 행운입니다. 로빈 맥그로, 통찰력과 직관이 빛나는 당신에게는 끊임없이 놀랄 뿐입니다. 나뿐만 아니라 당신을 아는 모두에게 영감을 주는 당신에게 감사합니다. 필 박사의 우주에 있는 모든 이는 한 명 한 명 모두 믿기 어려울 정도로 너그럽고 친절했습니다. 칼라 페닝턴, 당신과 초일류 프로듀서들로 구성된 팀의 높은 기대 덕분에 나 자신의 수준을 끌어올리고 실력을 갈고 닦는 데 전념할 수 있었습니다.

나의 형, 데이빗은 내 존재 자체가 나의 가장 훌륭한 재능이라고 늘 일깨워주고 있습니다. 아버지, 당신은 경이로운 경청의 달인이자 현명한 상담자입니다. 어머니, 당신은 나에게 꾸준히 호기심을 심어주었습니다. 감사합니다.

놀라울 정도로 재능 넘치는 허타도 형제에게도 감사의 말을 전합니다. 자신의 인생을 통해 사람들에게 영감을 주는 니코 허타도에게, 그리고 《원 디시전》 팀과 협력하여 모든 그림을 제작한 매슈 허타도에게 감사합니다.

세티, 당신은 내가 복잡하게 생각하지 않도록 늘 도와주고 나의 예술에 대해 일깨워주었지요. 마이크 피아첸티노, 언제나 한결같은 당신에게 감사합니다. 이 책에서 소개한 사연들의 주인공 모두, 고맙게도 실제 사건을 이야기하도록 허락해주고 시간을 내주어 감사합니다. 여러분의 기여를 더없이 귀중하게 생각합니다.

우리 코치 마이크 팀의 샘슨 모타배슬과 토니 주니거, 미스티 포스터, 여러분은 나와 함께 성장했고 나를 더 나은 사람으로 만들어주었지요. 로버트 리언, 마이크 리조, 마딧 호먼스가 이끄는 우리 CAST 센터의 정신 건강 리더십 팀에게도 감사의 말을 남깁니다. 여러분은 내가 이 책을 작업하는 동안 놀랍고 다양한 모습을 보여주었습니다. 그것에 대해 여러분이 생각하는 것보다 훨씬 더 감사하게 생각합니다. 내 머릿속 생각들에 생명을 불어넣고 그것을 현실적이고 실용적인 방식으로 다듬도록 끊임없이 도와주고, 나의 실험 대상이 되어 이 책의 많은 내용을 삶에서 직접 시험해준 리사 클라크에게도 감사합니다.

최고의 감사 인사는 마지막을 위해 남겨두었습니다. 마지막으로, 나에게 관심을 갖고 다가와주고 내가 이 우주에 내놓는 콘텐츠에서 어떤 도움을 받았는지 공유해준 모든 분께 감사의 말씀을 드립니다. 여러분이야말로 내가 하고 있는 일들의 이유입니다. 나는 내 이야기를 듣고, 거기서 무언가를 배우고, 변화하고 발전하려는 여러분의 의지에 감명받고 큰 에너지를 얻습니다. 이 책을 통해 자아를 발견하는 또 하나의 여정에 동참하게 되어 영광이고, 여러분이 누려야 마땅한 더 나은 삶을 만들어가길 진심으로 기원합니다.

CHAPTER 6 지나친 일반화 vs. 객관적 사고

1. p.139 일반적인 진술이나 결론: 옥스퍼드 영어 사전, "Overgeneralize", https://www. lexico.com/en/definition/overgeneralize.

   p.161 사례를 바탕으로: 요한 E. 코텔링, 앤-마리 브라워, 알렉산더 토트, "인지적 편향을 위한 신경망 체계", 심리학 프론티어 9 (2018).

CHAPTER 7 경직된 사고방식 vs. 여유로운 사고방식

1. p.179 실제로~연구 결과도 있다: 제러미 A. 프라이머, 린다 J. 스키트카, 매트 모틸, "진보와 보수가 서로의 의견을 들어보려 하지 않는 동기는 같다", 실험 사회심리학 저널 72 (2017): 1-12, www.sciencedirect.com/science/article/abs/pii/S0022103116304024.

CHAPTER 9 감정적 추론 vs. 증거 기반 추론

1. p.233 알아넌 가족연합회: 알아넌 가족연합회 홈페이지, al-anon.org/media-kit/.
2. p.235 실태 조사에 따르면: 레이첼 N. 리파리(박사), 스트러더 L. 반 혼(석사), "약물 사용 장애가 있는 부모와 함께 사는 아동", 미국 행동보건통계 및 품질센터CBHSQ 보고서(2017년 8월 24일), www.samhsa.gov/data/sites/default/files/report_3223/ShortReport-3223.html.

   p.249 자극에 감정적으로 반응하는: 에릭 와고, "선택의 역학", 미국 심리학 협회APS(2011년 12월 28일), www.psychologicalscience.org/observer/the-mechanics-of-choice.

CHAPTER 10 의사결정 팀 만들기

1. p.278 내재하는 목적이나 동기: 옥스퍼드 영어 사전, "Agenda", https://www.lexico.com/en/definition/agenda.

ONE
DECISION

단 하나의 결정이 인생을 바꾸는 기적
원 디시전

제1판 1쇄 인쇄 | 2022년 5월 20일
제1판 1쇄 발행 | 2022년 5월 30일

지은이 | 마이크 베이어
옮긴이 | 김아영
펴낸이 | 오형규
펴낸곳 | 한국경제신문 한경BP
책임편집 | 윤효진
저작권 | 백상아
홍보 | 이여진 · 박도현 · 하승예
마케팅 | 김규형 · 정우연
디자인 | 지소영
본문디자인 | 디자인현

주소 | 서울특별시 중구 청파로 463
기획출판팀 | 02-3604-590, 584
영업마케팅팀 | 02-3604-595, 583   FAX | 02-3604-599
H | http://bp.hankyung.com   E | bp@hankyung.com
F | www.facebook.com/hankyungbp
등록 | 제 2-315(1967. 5. 15)

ISBN 978-89-475-4828-1   03320